De toneelclub

€ 3,50

www.boekerij.nl

Nathalie Pagie

De toneelclub

ISBN 978-90-225-6688-6
ISBN 978-94-6023-679-2 (e-boek)
NUR 305

Omslagontwerp: Wil Immink Design
Omslagbeeld: Mohamad Itani / Trevillion Images
Zetwerk: CeevanWee, Amsterdam

© 2013 Nathalie Pagie en Meulenhoff Boekerij bv, Amsterdam

Niets uit deze uitgave mag openbaar worden gemaakt door middel van druk, fotokopie, internet of op welke andere wijze ook, zonder voorafgaande schriftelijke toestemming van de uitgever.

'You're so vain, you probably think this song is about you'

Carly Simon

*Stormachtig is de gratie van de schrik;
want van de slangen straalt een koperen gloed
die, door die onontwarbare knoop ontbrand,
de lucht doet trillen en dampen doet ontstaan,
een steeds veranderende spiegel wordt
van alle schoonheid, alle gruwel daar -
een vrouwenhoofd met slangenhaar, dat dood
de hemel ziet vanaf die klamme rots.*

Shelley
(vertaling: A. Haakman)

Proloog

Voordat je het zag, kon je het ruiken. Een weeïge geur die je deed kokhalzen zodra je de ruimte binnen kwam. Als je snel keek, leek er met het lichaam niets mis. Het lag op de rechterzij, een arm gestrekt en de andere gebogen op de borst. Het linkerbeen iets voor het rechter, alsof er nog een laatste stap genomen werd, en de voeten gehuld in hippe snowboots. Pas als je verder naar links keek, voorbij het omgevallen kamerscherm en de mand met haardhout, wist je dat het goed fout zat. Daar, in een plas donker bloed, lag het hoofd van de vrouw. De hals was aan de rechterzijde vlak onder het oor en de kaak in een rechte lijn afgekapt. Nauwgezet, bijna netjes. Tot onder de kin bleef de lijn recht, daarna werd het slordig. Aan de linkerzijde was de hals een slagveld, huid en spieren waren daar tot een onherkenbare brij gehakt. Iemand had grote moeite genomen het hoofd volledig van de romp te scheiden, alsof de dood alleen niet genoeg was geweest. Bovendien was het hoofd na de slachtpartij verplaatst. Het lag zeker vier meter van het lichaam verwijderd. Eenzaam en verlaten. De ogen geloken, de lippen licht uiteen en de dikke blonde krullen als een tooi gespreid.

1

Ze wist het meteen: dit was het, hier moest ze zijn. Haar nieuwe thuis. Een groot, leeg appartement met strak witte muren, een hoog plafond en heel veel licht dat in bundels zonnestralen door twee ramen naar binnen bulkte. Ze liep naar het eerste raam en zag onder zich de winkelstraat. Mensen met tassen, de jas over de arm, want het was onverwacht warm geworden, slenterden de winkels in en uit. Auto's cirkelden traag rondjes, op zoek naar een parkeerplaats. Niemand leek haast te hebben. Aan de overkant van de straat, boven de winkels, waren ook appartementen gebouwd. Ze zag de ramen recht tegenover haar openstaan. Een wit gordijn bewoog licht. Maar het was te ver om daarachter iets of iemand te kunnen onderscheiden. En daarmee ook te ver om gezien te worden. Een intens geluksgevoel overviel haar. Het maakte haar duizelig en ze moest zich vasthouden aan de vensterbank om te kunnen blijven staan.

'En Elin, wat vind je ervan?'

Ze draaide zich om en zag het vragende gezicht van de makelaar, de sleutels waarmee hij net de deur had geopend nog in zijn hand.

'Doen.'

'Mooi zo! Dan feliciteer ik je met je nieuwe woning.'

'Dank je wel.' Met rode wangen van opwinding schudde ze zijn uitgestoken hand.

'Ik zal het papierwerk direct voor je in orde maken.'
Trrrrr trrrr. Vanuit zijn binnenzak haalde hij een piepklein mobieltje tevoorschijn. 'O, dat is de zaak. Excuseer me even.'
Ze knikte en wachtte tot hij de deur achter zich had dichtgetrokken. Toen sloot ze haar ogen en zoog haar longen vol lucht. Haar eigen appartement. Ze kon wel juichen. Een nieuw begin! Een eigen huis in deze heerlijke onbekende maar veelbelovende stad. Ze zou mensen leren kennen, plekjes ontdekken, een nieuwe hobby oppakken. Het voelde goed. 'Dit gaat lukken, Elin,' zei ze zacht, 'niemand houdt je nu nog tegen.'

2

'Ik weet zeker dat het onwijs leuk wordt,' zei Pascalle, driftig schuddend met een bus slagroom om er nog een laatste beetje uit te krijgen. 'Parijs is een geweldige stad! Oké, het huisje van Laurent is nogal mini en ik moet een baan zien te vinden, maar desnoods ga ik ergens achter de bar staan. Bier tappen en wijn schenken, hoe moeilijk kan het zijn?'

'Natuurlijk, je vindt vast snel iets. En als het niets wordt, kun je altijd nog bij mij intrekken. Plek zat.'

Elin keek naar haar vriendin die een gigantisch stuk aardbeienvlaai met slagroom in haar mond propte, haar tweede. Dat hoefde zijzelf niet te proberen; bij haar vlogen de kilo's er al aan als ze alleen maar aan de vlaai róók. Daar had Pascalle geen last van, onder haar skinny jeans en een strak paars truitje was geen vetrol te bekennen. Irritant. Ze zou soms willen dat haar vriendin er iets minder goed uitzag. Pascalle was ook de enige vrouw die ze kende die glansrijk wegkwam met kort haar. In eigenwijze plukken piekte het alle kanten uit, en vreemd genoeg stond dat nog charmant ook. Elin streek door haar eigen lange haar, dat ze elke ochtend zeker een kwartier moest föhnen om te voorkomen dat het in de loop van de dag pluizig werd. Ze zuchtte. Pascalle was haar beste vriendin en ondanks de steek van jaloezie die ze soms voelde over haar te leuke voorkomen, zag ze haar niet graag vertrekken. Ze had het niet met zoveel woorden gezegd, maar in haar keuze voor deze stad had Pascalle een behoorlijk grote rol gespeeld. Het was een geruststellende gedachte geweest een nieuw leven op te bouwen in een vreemde stad waar tenminste één persoon woonde die ze al kende en die ze kon vertrouwen. Maar net toen ze haar appartement had gekocht, vroeg Laurent Pascalle naar Parijs te komen; en dat deed Pascalle maar al te graag. Erg jammer, maar Elin had er niets van gezegd. De verhuizing naar deze stad was een stoere move geweest die haar het gevoel gaf de teugels na lange tijd weer een beetje in handen te hebben. En dat gevoel wilde ze niet afzwakken door toe te geven dat ze het opeens een stuk minder aantrekkelijk vond nu Pascalle wegging. Bovendien zou het geen effect hebben; haar vriendin was toch niet tegen te houden.

Ze keek om zich heen. Pas drie weken geleden had ze de sleutel gekregen, maar ze had er al een sfeervol huis van weten te maken. De planken op de vloer, het stoere vloerkleed en de muur die Pascalle in een zachtbruine tint had geverfd, zorgden voor een warme uitstraling. De bank had grote kussens om lekker in weg te zakken. Achter de bank sierde een boekenkast de muur en in de hoek was plaats genoeg voor een vierkante eettafel met vier stoelen. De stoelen kwamen van de zolder van haar moeder. Ze had ze geschuurd en opnieuw gelakt. Het resultaat mocht er zijn. Vandaag was Pascalle komen helpen met 'het puntje op de i', zoals ze het zelf noemde: het kopen en naar boven slepen van een enorme palmvaren, die nu stond te pronken in de hoek naast de bank.

Met een zucht gaf Pascalle haar strijd met de slagroombus op. Ze stak het laatste stuk aardbeienvlaai in haar mond en strekte zich uit op de bank. 'Ja, je hebt er echt een paleisje van gemaakt. Mooi huis, goeie baan; nu nog een leuke vent en je bent klaar! Ik heb hier in de straat al een paar fraaie exemplaren zien lopen, hoor. Maar ze halen het natuurlijk niet bij Laurent.'

Elin knikte instemmend. Die week was ze begonnen als grafisch vormgever bij een reclamebureau. Ze had op goed geluk gereageerd op een oproep op Monsterboard en kon tot haar verbazing na één gesprek al aan de slag. Haar baas en collega's leken prima mensen en het bureau lag op tien minuten fietsen van haar huis. Ze kon haar geluk niet op: opeens ging alles voor de wind. Alleen het vertrek van Pascalle was een minpuntje. Sinds hun kennismaking op het grafisch lyceum, tien jaar geleden, waren ze goede vriendinnen. Laurent was een knappe vent, dat zeker. Maar ook arrogant, en hij keek je nooit recht aan. Elin mocht hem niet, maar had dat nooit tegen haar vriendin gezegd. Die was al maanden in een euforische stemming haar vertrek aan het voorbereiden.

'Ik zal je missen.'

'Ach gek, je kunt toch altijd langskomen? En voor je het weet heb je hier een berg nieuwe vrienden. Ben je mij allang vergeten.'

3

Ze werd wakker van een zacht krassend geluid. De wekker op de vloer naast haar bed stond op kwart voor zeven. Het was zaterdag, de eerste dag in haar nieuwe huis die ze helemaal zelf in kon vullen. Ze had ernaar uitgekeken. Na de drukte van de verhuizing en de eerste weken op haar werk, waar ze aan alle collega's was voorgesteld en meteen flink aan de bak had gemoeten, verlangde ze naar een dag voor zich alleen. Gisteravond had ze een boodschappentas vol lekkers gehaald. Ze zou ontbijten met chocoladebroodjes uit de oven, aardbeien met Franse kwark en een glas verse jus. 'Kwart voor zeven,' mompelde ze. Nog veel te vroeg. Ze zakte terug in haar kussen toen ze het opnieuw hoorde: een zacht krassend of schurend geluid, alsof iemand een stuk schuurpapier over de muur haalde, niet ver van de voordeur.

Ze zwaaide haar benen uit bed, schoof in haar pantoffels en liep voorzichtig naar de voordeur. Het spionnetje in de deur bood zicht op het trappenhuis, waar ze naast haar voordeur de trap naar boven zag en verderop de trap naar beneden en de deur naar het gezamenlijke dakterras. Het trappenhuis was verlaten. Ze draaide de sleutel om in het slot en opende de deur. Als iemand haar gevraagd had te voorspellen wat ze zou zien, was haar dat nooit gelukt. Op de deurmat zat een leguaan. Groen met bruine vlekken, stekels op zijn rug en compleet met staart toch gauw een halve meter lang. Elin deinsde achteruit, de deur weer bijna dichtgooiend. Een leguaan. Hier? Langzaam trok ze de deur weer verder open. Het dier zat er echt, schijnbaar volkomen op zijn gemak, en keek nieuwsgierig naar haar op. Langzaam bewoog het zijn staart over de kokosmat voor haar deur, wat een raspend geluid veroorzaakte. Van de eerste schrik bekomen, opende Elin de deur helemaal en zakte door haar knieën. 'Hé, wat doe jij hier?' fluisterde ze tegen het dier. 'Ben je verdwaald?'

Ze strekte haar arm uit om het dier te aaien, maar toen klonk een barse stem: 'Niet doen!' Met een gil sprong ze overeind en keek recht in het gezicht van een jongen van een jaar of twintig. Hij snelde de laatste treden van de trap af, knielde naast de leguaan en pakte het met een geroutineerd gebaar op.

'Sorry, maar hij kan bijten,' zei hij. Ze zag dat hij snel zijn blik over haar versleten slaapshirt en joggingbroek liet glijden. Ze stapte terug in haar hal en verschool zich half achter de deur.

'Is-ie van jou?'

'Ja, dit is Fred. Hij loopt wel vaker weg.' De jongen keek van Fred naar Elin weer naar Fred, en sloeg toen zijn blik neer. Zijn haar was ongekamd, een veeg pindakaas sierde zijn rechtermondhoek en zijn kakishirt zat vol vlekken. Elin had hem nog niet eerder gezien, maar dat gold voor bijna alle bewoners van het appartementencomplex. De eerste week was ze een man en een vrouw tegengekomen die zich vluchtig hadden voorgesteld als 'Hans en Margot van de derde etage' en sindsdien had ze geen buren meer gezien. Blijkbaar was iedereen hier op zijn privacy gesteld.

Plots deed de jongen een stap naar voren en stak zijn hand uit. 'Ik ben Rogier.'

'Hoi, Elin,' zei ze en ze schudde zijn hand. 'Woon je hierboven?'
'Ja.'
'Dan ben ik je nieuwe onderbuurvrouw,' glimlachte Elin, die zich in haar outfit wat ongemakkelijk voelde.
'Ja.' Rogier aaide de leguaan zacht over zijn kop. 'Fred vindt het fijn om los te lopen in mijn kamer en ik had niet in de gaten dat de deur openstond. Voortaan zal ik beter opletten.' Hij keek naar Elin alsof hij wilde peilen wat ze van de situatie vond. Toen hij merkte dat zij niets zei, draaide hij naar de trap. 'Ik ga weer naar boven, Fred moet in zijn terrarium. Hij kan niet tegen tocht.'
'Oké.'
Rogier stapte de trap op, bedacht zich en draaide om. 'Als je wilt, mag je wel een keer komen kijken. Kun je zien hoe Fred woont.' Met een verlegen lachje keek hij Elin aan. Maar nog voor ze kon antwoorden, spurtte hij met twee treden tegelijk de trap op. Elin keek hem na, checkte nog even de nu lege deurmat en ging weer naar binnen.

4

Die middag liep ze door de stad. Haar nieuwe stad. Groter dan een flink dorp maar compact genoeg om te kunnen overzien. Ze voelde zich er thuis. Ze slenterde door de straten, liep winkels in en uit, kocht twee nieuwe spijkerbroeken, een satijnen nachthemd, een paar laarzen en een boek, dronk verse muntthee op een terras en genoot van de vrijheid. Ze kon gaan en staan waar ze wilde. Er was niemand om rekening mee te houden, niemand die vroeg waar ze heen ging. Het was heerlijk, maar toch knaagde ergens vanbinnen de behoefte om een reden te verzinnen, een excuus om in de stad te zijn in plaats van thuis, een verklaring voor haar afwezigheid. Ze was er goed in geworden, excuses verzinnen. 'Maar dat doen we niet meer,' zei ze hardop tegen zichzelf en ze lachte vriendelijk naar een oudere man, die verbaasd zijn hoedje aantikte.

Op weg terug naar huis viel haar oog op een flyer die slordig op het raam van de bibliotheek was geplakt.

> Productiegroep 3 van cultureel centrum De Oude Haven speelt
> MEDUSA,
> een eigentijdse bewerking van een Griekse mythe,
> script en regie Tristan Vermeer.
> Geef je op! Ook beginners welkom.
> Repetities op maandagavond 20.00-23.00 uur,
> vanaf 2 september as.

Leuk. Op het grafisch lyceum hadden zij en Pascalle zich bij het schooltheater aangesloten en drie keer een stuk opgevoerd. Ze hadden er altijd veel lol in gehad, maar later was het er niet meer van gekomen. Om de draad in deze nieuwe fase van haar leven op te pikken, leek haar geweldig. Ze tikte het telefoonnummer op de flyer in haar telefoon en besloot te bellen zodra ze thuis was.

5

Met pijnlijke voeten van het slenteren en beladen met tassen van twee kledingwinkels, een schoenenzaak, een boekwinkel en de traiteur, kwam ze aan het einde van de middag thuis. Toen ze op de bank wilde ploffen, ging haar telefoon. Op het schermpje zag ze het nummer van haar moeder.

'Hallo mam.'
'Dag schat. Hoe gaat het?'
'Goed. Ik heb de stad verkend en kom net thuis. Met jou ook alles goed?'
'Je raadt nooit wie ik net zag.'
'Nou?'
'Dokter Jonathan. Hij vroeg direct hoe het met je ging.'
'O. Wat heb je gezegd?'
'Dat je nu aan de andere kant van het land woont en een nieuwe baan hebt gevonden. Hij was heel geïnteresseerd. Hij vroeg ook hoe het met mij ging. Echt oprecht. Wat is dat toch een bijzonder aardige man. En kundig. Hij zei dat het goed zou zijn als je nog een keer langskwam in zijn praktijk.'
'Mam, dat wil ik niet. Mijn behandeling is afgerond en het gaat echt heel goed. Ik hoef niet meer naar Jonathan.'
'Hij heeft zijn praktijk verbouwd, wist je dat? Als je er langs rijdt, zie je het al. Hij heeft nu ramen tot aan de grond. Heel smaakvol. En er staat een nieuw bord in de tuin. Ik denk dat

het hem voor de wind gaat. Maar dat kan ook niet anders, hij is een geweldige arts.'

'Hij heeft me goed geholpen.'

'Ik denk dat het geen kwaad kan als je nog eens langsgaat. Gewoon nog eens praten. Baat het niet, dan schaadt het niet, toch, schat?'

'Mm... ik zal er over nadenken dan.'

'Heel goed, meisje. En wat eet je vanavond?'

'Ik heb iets van de traiteur gehaald.'

'O, is dat niet heel duur? Nou ja, geniet er maar van. En laat me even weten wanneer je naar dokter Jonathan gaat. Dat vind ik fijn. Straks ben ik er niet, maar morgen ben ik de hele dag thuis. Goed? Nou, ik houd je niet langer op. Dag hoor, schat, dag.'

'Dag'.

6

En punt. Mooi. Tevreden keek Elin naar haar computerscherm. Je zou niet zeggen dat dit het eerste jaarverslag was dat ze had vormgegeven. Het zag er tiptop uit, perfect uitgelijnd, met scherpe illustraties en fraaie contrasten. Ze stuurde het document naar de A3-printer en wreef in haar ogen. Het was een heftig weekje geweest. Of weekje, eigenlijk had ze vanaf dag één niet stilgezeten. Er was werk aan de winkel, maar daar was ook nooit een geheim van gemaakt. Gelukkig zou er binnenkort een collega bij komen, zodat ze het werk konden verdelen. Gezellig ook, want nu zat ze alleen op de bovenverdieping van het kantoor, terwijl haar collega's, de tekstschrijvers en consultants, beneden werkten. Alleen John had ook een kamer boven, maar die was bijna voortdurend op pad, op bezoek bij bestaande klanten en op zoek naar nieuwe.

Ze opende de luxaflex. Het was wat fris buiten, maar de hemel kleurde strakblauw. Een gevoel van trots welde in haar op: ze had het geflikt! Wie had dat een paar maanden geleden kunnen denken? Zijzelf niet, maar het was gelukt, ze had de stap gezet die nodig was om vrij te zijn. Ontsnapt uit een leven dat als een gevangenis was geweest en waar ze bijna aan onderdoor was gegaan. Het had niet veel langer moeten duren. Ze rilde. Niet aan denken. Het was vrijdagmiddag, het weekend begon. Ze logde uit, pakte haar tas en schrok op toen ze merkte dat er iemand achter haar stond.

John leunde losjes tegen de deurpost en roerde in een bekertje koffie. 'En, ben je je eerste weken bij ons goed doorgekomen? Bevalt het een beetje?'

'Ja,' knikte Elin. 'Het is net alsof ik hier al langer werk. Ik heb ook zo veel te doen.'

'Zo hoor ik het graag.' Hij ging op de rand van haar bureau zitten. Ze rook zijn ongetwijfeld dure aftershave, die hij rijkelijk had opgespoten. 'Ik vind dat je er al lekker in zit, en daarom vertrouw ik jou nog een opdracht toe. Sirens, de landelijke keten van uitzendbureaus, heeft ons gevraagd hun huisstijl te restylen. Ze zijn de hele organisatie aan het verjongen en willen dat ook in hun logo en reclame-uitingen laten zien. Fris, edgy, hip. Dat leek me nou een mooie opdracht voor jou, toch?' Hij streek door zijn haar en keek haar vragend aan.

'Eh... ja...'

'Mooi.'

Hij stond op en liep de deur alweer uit. 'Ik laat Wendy de opdrachtformulieren even brengen, dan kun je meteen beginnen. Laat je me begin volgende week wat voorstellen zien?'

'Oké.'

Oef. Nog een opdracht? Tijdens haar sollicitatiegesprek vertelden ze dat de studio tijdelijk onderbemand was en dat er gezocht werd naar nog een collega. In de drie weken dat ze er werkte, was ze met opdrachten overladen, geen avond was ze voor acht uur thuis geweest. Maar ze had er niets van gezegd. Ze was goed in haar werk en haar nieuwe collega's vond ze sympathiek. Bovendien moest je niet zeuren, zo'n eerste tijd. 'Kom op,' mompelde ze in zichzelf. 'Dit gaat lukken, weet je nog? Begin volgende week een paar voorstellen is geen probleem, ik heb tenslotte het hele weekend.'

7

Zondagochtend werd ze wakker van het geluid van vogels voor haar slaapkamerraam. Door de opening tussen de gordijnen viel een streep zonlicht. Ze strekte zich zo lang mogelijk uit en voelde de spierpijn in haar nek. De vorige dag had ze tot laat achter haar computer gezeten. Twee voorstellen had ze volledig uitgewerkt en als bonus had ze een concept voor een derde ontwerp toegevoegd. Goed werk, vond ze zelf. Daar kon ze maandag met een gerust hart mee voor de dag komen.

Vandaag dus de hele dag vrij. Vrij om te gaan en staan waar ze wilde. Het voelde nog steeds onwennig. Niemand die zei wat ze moest doen, niemand die vroeg waar ze was geweest en niemand die haar in de gaten hield. Met een zucht draaide ze zich om, het dekbed strak om zich heen. Zou ze ooit echt loskomen? Het heeft tijd nodig, had Jonathan gezegd. Tijd en een nieuwe omgeving. Voor dat laatste had ze gezorgd, maar haar afscheid van Daniël lag nog vers in haar geheugen. Als ze eraan terugdacht, voelde ze haar maag branden. Bizar hoe intens gevoelens kunnen veranderen of zelfs volledig kunnen verdwijnen. Bijna vier jaar lang leek hij de liefde van haar leven, maar daar was niets meer van over.

Ondersteboven was ze geweest. Dat iemand als Daniël, een grote, sportieve vent met donker haar en een mysterieuze blik in zijn ogen, iets in haar zag, had haar lange tijd verbaasd. Ze hadden elkaar op het honkbalveld ontmoet. Beiden zestien jaar. Na haar softbaltraining ging ze met wat teamgenootjes kijken naar de training van de honkballers op het naastgelegen veld. Net als haar vriendinnen keek ze het liefst naar Daniël, de pitcher van het team. In zijn strakke honkbaloutfit zag hij er onweerstaanbaar uit. Zijn uiterlijk had hem bij zijn vrienden de bijnaam 'Casanova' opgeleverd, maar dat leek hem niet veel te doen. Op het veld ging hij volledig op in zijn spel, en na de training dronk hij nooit meer dan één drankje voordat hij op zijn fiets naar huis reed. Elin dacht dat hij haar nooit had zien staan. Tot hij na de training recht op haar af kwam en vroeg of ze die avond wat met hem wilde drinken. Met grote ogen en een rood hoofd had ze ja geknikt.

Die avond hadden ze in een kroegje in het centrum lange tijd gepraat. Daniël bleek een serieuze jongen. Hij vertelde dat zijn ouders in het buitenland woonden. Zijn vader was diplomaat en reisde de wereld over. Momenteel zat hij in Zuid-Amerika. Zijn moeder was lange tijd met hem meegereisd, maar had na de scheiding een huis gekocht in Spanje. Een paar keer per jaar kwam ze naar Nederland om Daniël op te zoeken. Die woonde al jaren bij zijn oom, een broer van zijn moeder. Veel had hij daarover niet willen zeggen. 'Hij probeert het wel, maar het is niet ideaal, het is niet mijn thuis. Zodra het kan, ga ik op mezelf wonen. Geld is het probleem niet, daar zorgt mijn vader wel voor. Maar ik ben nog te jong. Ik moet nog anderhalf jaar wachten, dan ben ik achttien.'

Aan het einde van de avond was hij meegefietst naar haar huis. Voor de poort naar de achtertuin zei hij dat ze zulke mooie ogen had en had hij haar gekust. Nog nooit had ze haar hart zo hevig voelen kloppen. Vanaf dat moment was ze smoorverliefd en bracht ze zo veel mogelijk tijd met hem door.

Daniël zat op een andere school, een paar kilometer van haar school vandaan. Na schooltijd wachtte hij haar op voor het fietsenhok en reden ze naar het huis van zijn oom. Daar draaiden ze cd's of keken films. Soms losten ze samen cryptogrammen op. Er waren geen andere vrienden of vriendinnen: zij waren samen en dat was genoeg. Tot Daniël een brief kreeg van zijn moeder die wilde dat hij het jaar voordat hij achttien werd bij haar in Spanje kwam wonen. Het afscheid was triest. Elin weet nog dat ze zich groot had willen houden en niet wilde huilen, maar dat was niet gelukt. Hij ging en zij bleef achter. Nog weken had hij brieven gestuurd. In het begin lange, vol lieve woorden, maar gaandeweg werden ze korter en minder persoonlijk. Vier maanden na zijn vertrek kwamen er geen brieven meer en leek het alsof hij nooit in haar leven was geweest. Tot aan hun onverwachte weerzien, zes jaar later, herinnerden alleen de brieven en een paar foto's aan hun prille liefde.

8

Het was koud in repetitielokaal 2b van cultureel centrum De Oude Haven; het lokaal had een hoog plafond, wat het verwarmen bemoeilijkte. Op een paar stoelen, een lage bank en een whiteboard na, was de ruimte leeg. Vier tl-buizen zorgden voor een fel witte verlichting. Elin was blij dat ze over haar shirt een vest en een sjaal droeg. Ze wreef in haar handen en trok de sjaal wat strakker om haar hals. John was niet op het werk verschenen. Ze had haar voorstellen voor de nieuwe huisstijl voor Sirens nog niet kunnen laten zien. Ergens baalde ze daarvan, nu leek het alsof ze de hele zaterdag voor niets had zitten werken. Maar aan de andere kant had ze door Johns afwezigheid een rustig dagje gehad en was ze op tijd thuis geweest om nog te kunnen eten, voor ze naar de eerste repetitieavond van *Medusa* ging.

Ze keek op haar horloge. Het was een paar minuten voor acht en ze had zich net voorgesteld aan Dan en Jikke. Hij, een rustige man met zwart haar en een bril, die ze begin dertig schatte. Zij, een goedlachse meid met bruine krullen, sproeten en rood gestifte lippen. Wat onwennig stonden ze te wachten op wat komen ging.

'Weten jullie hoeveel mensen er aan deze productie meedoen?' vroeg Jikke. Dan schudde zijn hoofd. 'Nee,' zei Elin. 'Er stond ook niet op de flyer hoeveel rollen er zijn. Ik ben benieuwd.'

'We zullen het zo wel horen van de regisseur, Tristan heette die toch?' vroeg Jikke.

'Tristan, zo is inderdaad de naam!' galmde het opeens door de ruimte. Met zijn armen wijd gespreid, alsof hij hen alle drie tegelijk wilde omhelzen, stapte een gezette man het lokaal binnen. Zijn dikke grijze haar viel op zijn schouders, zijn wenkbrauwen staken woest alle kanten uit en bedekten deels zijn ogen. Met zijn armen nog steeds als vleugels in de lucht ging hij voor Jikke staan. '*What's in a name? That which we call a rose, by any other name would smell as sweet.*'

Jikkes wangen kleurden diep, 'Ehm... had ik al een tekst moeten leren?'

Tristan liet zijn armen zakken en glimlachte. Hij gaf Jikke en daarna Elin en Dan een hand die zacht en warm aanvoelde. Sympathiek, vond Elin. Hij deed haar denken aan een verstrooide professor: intelligent, maar een beetje apart. Ze keek ernaar uit met deze man toneel te spelen.

In de deuropening verschenen nog vier mensen. Ze stelden zich voor als Elisabeth, Kees, Maurits en Pirette. 'Nu mis ik er nog een, maar het is hoog tijd dus laten we beginnen. Nummer acht zal nog wel komen,' zei Tristan terwijl hij voor de groep ging staan.

'Beste mensen, wees welkom in deze productiegroep. Wij spelen *Medusa*, een dramatisch verhaal uit de Griekse mythologie. Vertaald, door mijzelve, naar onze moderne tijd. Met acht spelers hebben wij twintig repetities de tijd om ons het stuk eigen te maken. Een uitdaging, zeker! Maar met bloed, zweet en tranen gaat het ons lukken eind januari een verpletterende indruk te maken op het publiek dat in groten getale toe zal stromen! Daarvan ben ik overtuigd.' Breed lachend keek hij de groep rond. 'Maar uiteraard, alles op zijn tijd. Laten we eerst eens kennismaken. Mevrouw, om met u te beginnen,' en hij knikte Elin uitnodigend toe.

Elin zag de ogen van de groepsleden op zich gericht en voelde haar hart sneller slaan. 'O, oké... nou, ik ben Elin, 28 jaar en ik ben nieuw in de stad,' begon ze. Ze wilde doorgaan, maar een beweging in haar ooghoek trok haar aandacht naar de deur. Over de schouder van Tristan zag ze dat er iemand binnenkwam. Nummer acht, dacht ze nog. Daarna voelde ze haar maag samentrekken. Haar knieën knikten en ze moest haar best doen te blijven staan. Vanuit haar borst trok een hete gloed door haar keel naar haar wangen. In de deuropening stond een jonge vrouw in een rood leren jack. Vragend keek ze het lokaal in. 'Is dit *Medusa*?' vroeg ze. Tristan draaide zich om. 'Dit is *Medusa*, welkom,' zei hij en hij wenkte haar binnen te komen.

De vrouw kwam het lokaal in, zette haar tas tegen de muur en stapte op Tristan af. 'Ik ben Sirpa.'

'Sirpa, we zijn zojuist begonnen, dat vind je vast niet erg. Ik heb je collegae van harte welkom geheten en we zitten in de kennismakingsronde,' vatte Tristan samen.

'O, mooi. Ja, excuus dat ik wat laat ben hoor, de parkeerplaats was vol en ik kon zo snel geen plekje vinden,' zei ze en ze lachte een gave rij witte tanden bloot. 'Maar ik ben dus Sirpa, achtentwintig jaar en ik kom oorspronkelijk uit Laren maar ik ben net verhuisd. Ik heb tot nu toe in zes producties gespeeld en ik vind het waanzinnig leuk om te doen. Toen ik op de sportschool de flyer voor *Medusa* zag hangen, heb ik me spontaan opgegeven en nu sta ik hier.' Met grote ogen keek ze de groep rond.

Tien jaar lang had Elin haar niet gezien, maar ze was geen spat veranderd. Sirpa Karstens. Mooi, slim en barstensvol zelfvertrouwen. Van vier tot zes gymnasium een van Elins klasgenoten op het Dr. Willem Frederickcollege in Laren. Tijdens de lessen Nederlands, Frans, Engels en geschiedenis zaten ze bij elkaar in de klas. Sirpa was altijd sterk aanwezig. Met luide stem stelde ze voortdurend vragen, en ze ging een discussie niet uit de weg. Brutaal en overtuigd van haar eigen mening en kennis, dreef ze de lerares Frans soms tot het uiterste. De meeste klasgenoten genoten van de commotie en spoorden Sirpa aan vol te houden. Een paar keer ging er zelfs gejuich op toen de lerares haar mening bij moest stellen en Sirpa de discussie won. Elin had zich daar altijd ongemakkelijk bij gevoeld. Maar ze durfde er niets van te zeggen. Dat deed je niet. Niet tegen Sirpa Karstens.

En nu stond ze hier, Sirpa was hier. Dit wil ik niet, dacht Elin. Dit is mijn nieuwe stad en mijn nieuwe toneelclub. Wat doet ze uitgerekend hier? Ze zette zich schrap toen Sirpa dichterbij kwam om haar, net als de anderen, een hand te geven. 'Hoi,' zei ze vriendelijk en ze ging weer naast Tristan staan. Ze herkent me niet, dacht Elin en ze slaakte een zucht van verlichting.

Op de hockeyvelden naast school had ze haar eerste vervelende ervaring met Sirpa gehad. De gymleraar had twee jongens gevraagd de groep in teams te verdelen. Om de beurt mochten ze een klasgenoot kiezen. De eerste jongen, Tobias, een vriend van Sirpa, had haar meteen in zijn team gevraagd. Daarna volgden de andere klasgenoten. Meestal hoorde Elin bij de middenmoot. Met de meeste leerlingen kon ze wel overweg en bovendien was ze sportief aangelegd; ze kon goed softballen en hockeyen lukte ook aardig. Maar die keer ging het anders: ze werd niet uitgekozen. Toen er nog maar twee klasgenoten naast haar stonden, een jongen en een meisje die zich geen fluit voor sport interesseerden en erom bekend stonden regelmatig samen te blowen, zag Elin dat Sirpa Tobias iets in zijn oor fluisterde. Tobias lachte en wees naar de jongen naast Elin. Wat was er aan de hand? Elin begreep het niet; ze werd nooit als laatste gekozen. Ze hoorde haar klasgenoten grinniken. Met een brandend gevoel in haar maag keek ze naar Tobias, maar die deed of hij haar niet zag.

Sirpa wierp de jongen van het tweede team een blik toe en knikte vervolgens naar het meisje naast Elin. Hij riep haar naam. Elin stond nu alleen tegenover de twee teams. Ze voelde de ogen van haar klasgenoten prikken en durfde niet op te kijken. Na wat een eeuwigheid leek, hoorde ze Tobias haar naam roepen. Met een rood hoofd keek ze op, maar voor de tweede keer negeerde Tobias haar blik. Met een luide brul schaarde hij zich bij zijn teamgenoten die al druk bezig waren blauwe linten om hun hals te hangen en de beste sticks uit te kiezen. Maar een persoon liet de linten en sticks nog even liggen. Kaarsrecht tussen de lachende en duwende klasgenoten stond Sirpa, haar ogen strak op Elin gericht. Het was of haar ijskoude blik Elin bevroor. Ze durfde niet weg te lopen en keek Sirpa vanonder haar wenkbrauwen met gebogen hoofd aan. Sirpa hield haar blik vast en tuitte toen haar lippen. Ze kuste de lucht en sloot langzaam een ooglid tot een knipoog. Dat bizarre beeld stond nog altijd op Elins netvlies gegrift.

Op de fiets terug naar huis liet ze de wind haar haren alle kanten op blazen. Ze snoof de frisse avondlucht diep in. Je kon ruiken dat de herfst onderweg was. De avonden werden langer en binnenkort kon de verwarming weer omhoog. Elin hield van de herfst. Ze trapte even iets harder om het groene licht nog te halen en constateerde dat ze tevreden terugkeek op de eerste repetitieavond. Het was leuk geweest. Na de kennismakingsronde had Tristan zijn plannen met het stuk uit de doeken gedaan. Zijn versie van *Medusa* zou zich afspelen in een Zwitsers chalet tijdens een wintersportvakantie. Ze waren allemaal enthousiast over die insteek. Het maakte het stuk direct concreter en meer van deze tijd. Daarna hadden ze wat improvisatiespellen gedaan en waren de rollen verdeeld. Nu ze eraan terugdacht voelde ze weer de vlinders in haar buik. Tristan had gevraagd of zij de hoofdrol wilde spelen, de rol van Medusa. En hoewel ze het enorm spannend vond, had ze volmondig ja gezegd. De hoofdrol, wat een eer! Tristan zou de teksten morgen mailen, zodat ze volgende week al een deel met tekst konden oefenen. Ze nam zich voor haar regels van a tot z uit haar hoofd te leren. Iedereen zou zien dat ze de hoofdrol waard was. Ook Sirpa.

Tja, Sirpa. Achteraf was ze toch wat verbaasd over haar fysieke reactie op Sirpa's verschijnen; de middelbare school lag immers al ver achter hen. Ze was blij dat Sirpa haar niet had herkend, nu was er geen reden meer om de nare incidenten uit die tijd op te rakelen. Bovendien leek ze best een aardige vrouw. Ze was vrolijk en vriendelijk geweest tegen de hele groep. Mensen kunnen veranderen, zeker na hun pubertijd. Het zou wel goed komen. Ze had zin in het toneelstuk en niets of niemand kon die goede moed verpesten. 'Punt!' zei Elin resoluut en ze deed net of ze het knagende gevoel van onbehagen, diep vanbinnen, niet opmerkte.

9

Zonder make-up en met haar haren in een slordig staartje kwam ze de volgende ochtend te laat op haar werk. Na een rusteloze nacht waarin ze de slaap niet kon vatten had ze de wekker niet gehoord. Dat gebeurde wel vaker als ze midden in de nacht twee slaappillen nam. Dat deed ze liever niet, omdat ze dan de hele dag een dof gevoel zou houden, maar vaker dan haar lief was moest ze er toch aan geloven, want zonder slaap kon ze helemaal niet functioneren. Volgens de dokter zou het slapen langzaam beter gaan en had ze de pillen uiteindelijk niet meer nodig. Ze kon niet wachten. Met een bonzend hoofd was ze op haar fiets naar de studio geracet en ze stond net bij de koffieautomaat de slaap uit haar ogen te wrijven toen John fluitend binnenkwam.

'Een goedemorgen!' schalde het door de keuken.

'Goedemorgen,' probeerde ze zo monter mogelijk.

'Sodeju! Wat hebben ze met jou gedaan?' John keek haar aan alsof ze een kermisattractie was.

'Ik heb niet zo goed geslapen,' stamelde ze.

'Je ziet eruit alsof je onder een stoomwals hebt gelegen! Dat was een latertje, zeker?' Met een blik op zijn horloge liep hij haar voorbij. '*Anyway*, ik moet zo naar Amsterdam maar ben speciaal langs gekomen om naar jouw voorstellen voor Sirens te kijken. Pak je ze even? Ik kom zo naar de vergaderkamer.'

Elin gromde onhoorbaar. De voorstellen waren klaar, maar ze had totaal geen energie om een enthousiaste presentatie te geven. Ze keek op toen de deur opnieuw openging. Carolijn, een vlotte meid met wie ze al een paar keer was gaan lunchen, kwam binnen.

'Wil je me helpen, Ca?'

'Wat is er? Ben je ziek?' vroeg Carolijn bezorgd.

'Nee, gewoon slecht geslapen en knallende koppijn. Maar John moet zo naar Amsterdam en hij wil de voorstellen voor Sirens per se nu zien.'

'O, prima, doen we even. Kom maar,' zei Carolijn resoluut en ze stevende op de vergaderkamer af, haar jas nog aan.

Toen Elin binnenkwam, stonden John en Carolijn al over het eerste voorstel gebogen. Met luide stem en heftig gebarend vertelde Carolijn over het nieuwe logo, het kleurgebruik en de hippe uitstraling. Elin had haar de voorstellen gisteren laten zien en kort toegelicht waarom ze voor de verschillende ontwerpen had gekozen. Ze grinnikte stiekem toen ze Carolijn diezelfde toelichting enthousiast hoorde herhalen. Het had effect: John knikte goedkeurend. Na nog een blik op de andere twee voorstellen, draaide hij zich om naar Elin: 'Ga volgende week mee naar Sirens, dan laten we het ze meteen zien. Ik geloof dat we er dinsdag moeten zijn. Laat Wendy maar even in mijn agenda kijken. Oké, dat is dat. Ben ik naar Amsterdam, eens kijken of ik daar nog een leuk huisstijltrajectje kan verkopen.'

Zodra hij weg was, zakte Elin in een van de vergaderstoelen. 'Pfff, bedankt, Ca. Dat was me zo snel echt niet gelukt.'

'Geen probleem,' zei Carolijn terwijl ze haar jas uittrok. 'Ik zie de zak M&M's wel verschijnen vanmiddag, hè?'

'Zeker weten.' Ze keek Carolijn na toen die naar de deur liep, sprong op en tikte haar op haar rug. 'Ca?'

'Ja?'

'Denk je dat-ie het goed vond?'

'John? Je ontwerpen? Ja natuurlijk, anders vraagt-ie toch niet of je meegaat naar de klant?' Ze zag Elins opluchting en moest lachen. 'Verwacht geen complimentjes hier, die krijg je niet. In het begin verbaasde mij dat ook, maar je went eraan. Als iets niet goed is, hoor je het meteen. Dus geen nieuws is goed nieuws, oké?' Ze klopte Elin op haar schouder en liep naar haar bureau.

10

'Hallo mam.'

'Dag schat, gaat het goed?'

'Ja hoor, een beetje moe maar alles oké.'

'Nou moet je niet boos worden, maar ik heb vandaag dokter Jonathan gebeld. Ik dacht opeens, misschien heeft hij toevallig een uitvaller, iemand die heeft afgezegd; dat komt natuurlijk wel eens voor. En ja hoor, morgen om 11.00 uur heeft hij tijd. Op zaterdag! Dan heb je toch niets te doen, komt dat even mooi uit! Anders moet je soms weken wachten op een plaatsje, die man heeft het zo druk.'

'Waarom doe je dat nou, mam?' zei Elin zonder moeite te doen de frustratie in haar stem te verhullen. 'Ik zou er nog over nadenken, had ik toch gezegd?'

'Natuurlijk schat, maar ja, dit is een buitenkansje, toch? En het leek hem zo goed als je nog eens langskwam. Ga nou maar. Je vindt het toch ook een aardige man?'

'Ja, maar...'

'Je moet niet denken dat wat je hebt meegemaakt zomaar voorbij is. Dat heeft tijd nodig en je moet erover praten. Niet zo opkroppen, wat dat betreft ben je net je vader. Morgen om 11.00 uur. Goed? Kun je meteen zien hoe mooi de praktijk is verbouwd. Doe je het?'

'...'

'Elin?'
'Oké dan.'
'Mooi.'

11

Met tegenzin belde Elin die zaterdag aan bij de praktijk van psycholoog Jonathan Wervers. Ze baalde er ronduit van dat haar moeder met Jonathan een afspraak had gemaakt en haar vervolgens had gedwongen naar hem toe te gaan. Hoe vaak had ze zich al voorgenomen niet meer toe te geven aan haar moeders manipulatieve gedrag? Als kind had ze het nooit zo in de gaten gehad maar toen ze ouder werd, merkte ze dat ze veel deed in opdracht van haar moeder. Met een vriendelijk woord, een schijnbaar nonchalant verzoek of een zogenaamd verrassend spontane actie, manoeuvreerde ze Elin precies waar ze haar wilde hebben. Zoals die keer toen ze een peperduur jaarabonnement op de sportschool cadeau kreeg, terwijl ze daar helemaal niet om had gevraagd. 'Sporten is gezond meid en je raakt er meteen wat kilootjes mee kwijt!' had haar moeder met een schalkse blik uitgeroepen. En daarmee raakte ze een gevoelig punt: Elin wist als geen ander dat ze een kilo of zes, zeven te zwaar was, ze had haar moeder niet nodig om haar daaraan te herinneren. Van tijd tot tijd probeerde ze een dieet, maar die hadden niet veel effect gehad. Ze had haar moeders pogingen om haar naar de sportschool te sturen steeds afgewimpeld. Het idee om met een boel zwetende mensen op een rij crosstrainers te staan, sprak haar helemaal niet aan. Veel liever ging ze een stuk wandelen met de hond van de buren. Maar toegegeven, dat kwam er ook niet zo vaak van. Als een boer met kiespijn had ze het cadeau dus aangenomen, maar de bezoekjes aan de sportschool hadden steeds een bittere smaak in haar mond achtergelaten. Toen het jaar voorbij was, kon ze haar moeder alleen bewegen het abonnement niet te verlengen door een andere sport te kiezen. Dat werd softbal.

Elin fronste haar wenkbrauwen. Als ze eerlijk was, moest ze erkennen dat haar nog iets dwarszat. Dat haar moeder Jonathan had gebeld, was akelig irritant, maar dat Jonathan had gevraagd of ze nog eens langskwam, deed gewoon pijn. Blijkbaar vond hij het nodig weer met haar te praten, terwijl ze juist zo trots was op haar vorderingen. Ze deed het toch goed? Ze had de afgelopen weken verdomme meer lef getoond dan in de rest van haar leven en juist nu wilde hij, meneer de psycholoog, met haar praten? Het voelde als een sterke motie van wantrouwen en die had ze niet verdiend. Bijna had ze zich weer omgedraaid, maar toen ze achter de deur voetstappen hoorde naderen, bleef ze toch staan. Jonathan opende de deur en wenkte haar binnen. Stil liep ze achter hem aan en nam plaats op de bank waarop ze nog niet zo lang geleden vele uren had versleten. Ze sloeg haar benen over elkaar, kruiste haar armen en wachtte tot hij het woord nam.

'Goed je weer te zien.'

'Dank je.'

'Je ziet er goed uit.'

'Dank je.'

'Hoe gaat het met je?'

'Veel beter.'

Jonathan glimlachte en even was het stil. Toen zei hij: 'Ik heb je om twee redenen gevraagd langs te komen. Ten eerste uit nieuwsgierigheid. Ik was erg benieuwd hoe het nu met je gaat.

En ten tweede is het altijd goed om na een pauze eens te kijken waar je staat. We hebben intensief gesproken, bijna drie maanden lang ten minste twee keer per week. Nu kunnen we met meer afstand kijken naar de dingen die gebeurd zijn. Vaak hebben mensen tijd nodig om bepaalde gebeurtenissen een plek te geven. Dat betekent niet dat de pijn verdwijnt, maar wel dat die minder sterk aanwezig is, dat die naar de achtergrond schuift.'

Elin knikte aarzelend. 'Dat is wel zo, ja.'

'Vertel eens.'

Elin zuchtte. 'Nou, ik ben in een nieuwe stad gaan wonen, ik heb een geweldig appartement en een leuke baan. Ik speel de hoofdrol in een toneelstuk. Het gaat dus heel goed.'

'Wat fijn voor je. En Daniël? Denk je nog vaak aan hem?'

''s Nachts droom ik over hem. En soms denk ik aan hem, juist als ik het heel leuk heb.'

'Wat denk je dan precies?'

Elin zuchtte nog eens. Hier had ze geen zin in. Ze wilde niet terugdenken aan de tijd dat ze samenwoonde met Daniël. Terugdenken riep een pijn op die ze niet meer wilde voelen: de pijn van een meisje dat ze niet meer wilde zijn. Dat ze niet meer begreep. Dat ze in feite nooit begrepen had.

'Ik denk aan de vreselijke dingen die hij deed en vind dat dan gemeen van mezelf. Ik weet dat hij ziek is. Dat hij eerst een heel aardige jongen was en dat ik van hem hield. Maar dat zijn ziekte hem heeft veranderd.' Ze voelde de tranen branden en gaf haar verzet op. Uit ervaring wist ze dat huilen op de bank bij Jonathan enorm opluchtte.

'Je hoeft hem niet te verdedigen, Elin,' zei Jonathan zacht. 'Het is oké om te voelen wat je voelt, of dat nu boosheid is, walging of onbegrip. Voel wat je voelt, maar schuld is niet nodig.

Jij bent niet verantwoordelijk voor de daden van een ander, daar hebben we het uitgebreid over gehad.'

'Ja, dat weet ik wel,' snikte Elin.

'Probeer nog eens te vertellen waaraan je denkt.'

Met betraande ogen keek Elin naar Jonathan, in zijn fauteuil aan de andere kant van de salontafel. Achter hem de ramen die, sinds de verbouwing, tot aan de grond reikten. Inderdaad een verbetering, dacht ze afwezig. Door een waas van tranen zag ze Daniël voor zich. Hij zat naast haar op bed en had haar handen met handboeien vastgemaakt, een knijper op haar neus gezet en een hand op haar mond gelegd. Tussen zijn vingers door had hij een rietje in haar mond gestoken. Ze zag zijn verwilderde blik en de woede in zijn ogen. Hij leek een ander mens. Dit was niet de Daniël die ze kende en van wie ze hield. Ze probeerde onder zijn greep vandaan te komen door haar hoofd te draaien, maar het ging niet. Hij hield haar nog steviger vast en ze raakte in paniek. Het lukte niet om rustig adem te halen. Het rietje liet veel te weinig lucht door. Ze kreeg het ontzettend benauwd, voelde de druk op haar ogen toenemen en had het gevoel dat ze stikte, tot alles zwart werd. Toen ze weer bijkwam, was Daniël weg en lagen de handboeien op het nachtkastje, naast een vol glas cola light.

'De eerste keer dacht ik dat ik doodging. Ik was zo bang,' snikte ze.

Jonathan knikte.

'De keren daarna wist ik wel dat ik weer bij zou komen, maar die angst is altijd gebleven. Waarom ben ik niet weggegaan? Dat snap ik nog steeds niet. Dit was toch al erg genoeg?' Dankbaar nam ze een tissue uit de doos die Jonathan haar aanreikte. Ze droogde haar wangen en snoot haar neus.

'Ja, dit was heel erg,' zei Jonathan. 'En misschien zul je nooit weten waarom je bleef. Maar het was jouw keuze, hoe onbegrijpelijk ook. Nu zou je een andere maken, maar het was zoals het was, dat moet je accepteren.'

'Denk je dat ik nog lang aan hem blijf denken?'

'Dat is aan jou. Als de tijd rijp is, je merkt zelf wel wanneer, sluit je het af. Je zet een streep onder je verleden en concentreert je op het heden en je toekomst. Ik denk dat je wat dat betreft al een paar grote stappen hebt gezet. Het verleden uitwissen gaat niet, maar je kunt er wel bewust voor kiezen je leven er niet meer door te laten beïnvloeden.'

Elin knikte en stond op.

'Geef het nog wat tijd, Elin. Je doet het heel goed.'

'Bedankt.'

'Je weet me te vinden. Ik ben er voor je.'

Toen ze thuiskwam, vond ze een briefje op de deurmat. Iemand had het onder de deur door geschoven. Ze vouwde het open en las:

Elin, kom je vanmiddag even langs? Fred is jarig. Groet, Rogier.

12

Met rode wangen van de hitte zat ze in het appartement van Rogier op de bank. Haar vest had ze uitgetrokken en over een stoel gehangen. Bij binnenkomst had Rogier uitgelegd dat de verwarming voortdurend erg hoog stond 'voor Fred, want dat vindt-ie lekker'. Elin had begrijpend geknikt en nam, terwijl Rogier in de keuken bezig was met koffie en taart, de tijd om eens goed rond te kijken. Het interieur was op zijn minst opmerkelijk te noemen. Op de vloer lag een felrood kleed dat bijna de hele woonkamer bestreek. Daarboven zweefde een hangmat die met touwen was bevestigd aan twee ijzeren ringen in het plafond. In de hangmat lagen twee vergeelde kussens en een smoezelige badhanddoek. Tegen de wand waren nog meer kussens opgestapeld, naast drie sinaasappelkistjes vol tijdschriften, boeken en dvd's. In de hoek stond een kleine tafel met twee stoelen; op een van de stoelen lag een laptop. De tweezitsbank waar ze op zat, stond voor het raam. Fred was nergens te bekennen. Ook een terrarium ontbrak.

Rogier kwam de kamer in met op een dienblad twee mokken koffie en twee punten appeltaart. Hij zette het blad voorzichtig op de grond voor Elin en reikte haar een mok aan. 'Wil je koffiemelk? Die heb ik niet,' zei hij verontschuldigend.

'Zwart is prima, dank je.'

Rogier ging naast Elin zitten, zo ver mogelijk in de hoek van de bank. Hij schraapte zijn keel, maar zei niets. Toen pakte hij zijn mok en probeerde de nog hete koffie te drinken.

'Aardig van je dat je me gevraagd hebt op Freds verjaardag,' zei Elin met een glimlach. 'Waar is de jarige?'

'In de kamer hiernaast. Hij heeft net gegeten en dan laat ik hem altijd even met rust. Ik zal hem zo wel halen.'

Weer een stilte. Hoewel ze nog niet eerder op de verjaardag van een leguaan was geweest en dus niet wist hoe het daar doorgaans aan toeging, had Elin wel meer mensen verwacht. Vrienden van Rogier, familie, buren. Maar ernaar vragen wilde ze niet. Misschien had hij geen familie en vrienden. Wat wist ze nu helemaal van Rogier? Hij leek een wat zonderlinge jongen met een voorliefde voor amfibieën. Verder reikte haar kennis niet.

'Wat doe je eigenlijk?' vroeg ze.

Rogier schrok op en slikte een grote slok koffie weg. 'Hoezo?'

'Nou, wat doe je de hele dag? Studeer je?'

'O, eh... nee. Ik ben gestopt.'

'Werk je dan?'

'Eh, ik moet nog iets zoeken, ja...' Met een snel gebaar zette hij zijn mok op de grond. 'Ik zal Fred even halen,' en hij beende de kamer uit. Even later kwam hij terug met Fred op zijn schouder; de lange staart krulde onder Rogiers arm door over diens borst.

'Wil je hem even vasthouden?' vroeg hij Elin.

Verbaasd keek ze op. 'Bijt hij dan niet?'

'Nee, nu niet. Als je maar geen onverwachte bewegingen maakt. Hier.' Met twee handen reikte hij haar de leguaan aan. Elin pakte het dier beet en hield het met gestrekte armen voor zich. Fred had zijn ogen half gesloten en liet zich de overhandiging rustig welgevallen. 'Een mooi dier, hoor,' zei Elin. 'Hoe oud is hij?'

'Vier jaar,' zei Rogier trots. 'Hij is hier geboren, daarom weet ik precies wanneer hij jarig is. Vandaag is hij vier. Al een jaar ouder dan de vorige.'

'Had je er hiervoor ook een?' vroeg Elin, die het dier op de grond zette en weer op de bank ging zitten.

'Fred is mijn negende, en de beste tot nu toe,' zei Rogier. Hij had Fred opgepakt en schuurde liefkozend met zijn wang tegen de kop van het dier.

Negen leguanen? Goed dat hij ze niet allemaal tegelijk houdt, dacht Elin. Eén leguaan kon ze nog wel aan. Fred leek een rustig dier en ze had, op die ene keer na, nooit last van hem gehad. Maar meer dan één zo'n beest vlak bij haar woning, daar moest ze niet aan denken. Was het eigenlijk überhaupt wel oké om een leguaan in een appartement te houden? Nou ja, dat gebeurde vast wel vaker en Rogier leek goed voor hem te zorgen.

Rogier had zijn ogen ook gesloten en aaide Fred over zijn rug. Hij leek zich niet meer bewust van haar aanwezigheid. De hoogste tijd om op te stappen. Met grote happen werkte ze haar taart weg.

'Nou, bedankt voor de koffie en de taart,' zei ze na de laatste hap zo opgewekt mogelijk. 'Ik ga er weer vandoor.'

Rogier knikte kort en ging verder met de liefkozing van Fred, die hij tegen zijn borst geklemd hield. 'Dag Elin.'

Toen ze de deur van Rogiers appartement achter zich dichttrok, ging die meteen weer open. Rogier stak zijn hoofd door de opening. 'Fijn dat je even wilde komen,' zei hij en hij grijnsde breed voordat hij zijn hoofd weer terugtrok en de deur sloot.

13

Het rook er muf. Een merkwaardige mengeling van oud stof, beton en kruidnagelthee. De thee die er al jaren stond, maar niet weggegooid mocht worden omdat Daniëls moeder hem zo lekker vond. In het donker kon ze de planken van de voorraadkast niet zien, maar wel voelen. De pakken toiletpapier, keukenrollen en de schoonmaakmiddelen op de onderste plank, daarboven de blikken soep, ragout en knakworstjes en helemaal bovenin de pakken koek, nootjes en chips. Ze zou in ieder geval niet omkomen van de honger.

Ze was moe van het staan en ging weer zitten. De betonnen vloer voelde koud. De theedoek die ze had neergelegd maakte haast geen verschil. Op haar horloge kijken had geen zin; het was te donker. Ze schatte dat ze hier nu een uur of vier zat. Nog niet zo lang als de laatste keer, maar lang genoeg. Ergens sloeg een deur dicht. Ze hield haar adem in en luisterde naar de voetstappen die de trap op kwamen. Nog een trap en nog een. Vlakbij hielden ze halt. Een rammelende sleutelbos. Ja, dat was Daniël. Haar hart sloeg over.

Ze ging staan en wachtte tot hij de hal in kwam en de deur had gesloten.

'Daniël?' begon ze voorzichtig.

Geen antwoord. Ze hoorde dat hij stil bleef staan om naar haar te luisteren.

'Daniël, ik heb het zo koud. Het heeft nu toch wel lang genoeg geduurd? Laat me er maar uit, dan kunnen we samen eten en tv kijken, oké? Zal ik iets lekker maken? Of zullen we Chinees halen?'

Ze hoorde dat hij zijn jas ophing, de kamer in liep en de deur achter zich sloot.

'Daniël!' riep ze nu hard. 'Laat me hier niet zitten!'

Snelle voetstappen en de kamerdeur ging weer open. 'Stil!' siste hij. 'Je blijft daar, dat heb je aan jezelf te danken. En nu houdt je je kop dicht, ik wil je niet meer horen!'

Ze hoorde dat hij de tv aanzette met het volume flink hoog.

'Nee, ik wil dit niet. Niet hier de hele nacht.' Ze bonkte tegen de deur, maar durfde niet te roepen. Laat me er uit, laat me er uit, laat me er uit, laat me er uit...

Ze schrok wakker en schoot omhoog. Door de plotse beweging klotste het water over de badrand. Het duurde een paar tellen voor ze besefte waar ze was: in bad, in haar eigen badkamer, in haar nieuwe appartement. Daniël was hier niet. Ze zuchtte van opluchting, sloeg haar handen voor haar gezicht en begon hard te huilen. 'Het was maar een droom,' snikte ze. 'Het was maar een droom.' Tegelijkertijd wist ze dat dat niet zo was.

Toen ze samenwoonden had Daniël haar meerdere keren opgesloten in de voorraadkast. Eerst een paar uur, maar later langer en één keer zelfs een hele nacht. Altijd had ze het aan zichzelf te danken gehad. Tenminste, dat was Daniëls uitleg. Ze was te lang weggebleven tijdens het winkelen, ze was gaan lunchen met twee schoolvriendinnen en had hem niet meegevraagd, ze had niet gebeld toen haar doktersafspraak uitliep en ze een uur later thuiskwam. 'Ik kan je niet vertrouwen,' zei Daniël dan, steeds beheerst en rustig. 'Als je me niet vertelt waar je bent en met wie, kan ik je niet beschermen. Dat begrijp je toch wel? Er kan van alles met je gebeuren. Ik moet altijd weten waar je bent. En je mag nooit liegen. Nooit.'

Ze had hem geloofd. Als ze er nu aan terugdacht, schaamde ze zich dood, maar ze had hem geloofd. Haar overweldigende liefde voor de knappe, serieuze jongen op het honkbalveld had haar blind gemaakt voor de wandaden van de zieke man die hij geworden was.

14

De tweede repetitieavond in De Oude Haven begon met een bijzonder spel. Alle spelers stonden schouder aan schouder in een kring met hun ogen dicht. Tristan liep om de kring heen en sprak hen op zachte toon toe. 'We kennen elkaar nog niet zo goed, maar moeten toch als een hechte groep samenspelen. Dus is het van groot belang dat we ons hier veilig voelen. We zitten in dezelfde schuit en moeten elkaar steunen in het spelproces. Weet dat je hier geen fouten kunt maken.'

Hij klapte kort in zijn handen. 'Doe je ogen maar open, dan leg ik de eerste oefening uit. Om beurten vraag ik jullie in het midden van de kring te gaan staan. Je sluit je ogen en ik draai je een paar keer om je as. De bedoeling is dan dat je jezelf laat vallen. Naar voren, achteren of naar opzij, dat is aan jou. Het gaat erom dat je jezelf niet tegenhoudt maar erop vertrouwt dat je medespelers je zullen opvangen. Zij duwen je weer recht, zodat je je opnieuw kunt laten vallen. Als je dat een paar keer doet, ervaar je dat je van deze groep mensen op aankunt. Dat je hier veilig bent. Is dat duidelijk voor iedereen?' Er klonk instemmend gemompel.

'Goed, Kees, wil jij beginnen?'

Kees, een uit de kluiten gewassen kerel, sprong meteen naar het midden van de kring. 'Ja hoor, zet je maar schrap want ik ben een hele kluif om op te vangen,' riep hij lachend. 'Sluit je ogen,' zei Tristan en hij draaide Kees een aantal keren rechtsom en daarna nog eens linksom. Toen stapte hij uit de kring. 'Goed mensen, schouder tegen schouder en help elkaar. Kees, laat je maar vallen.' Daar had Kees geen problemen mee. Als een blok viel hij vooruit, recht in de armen van Maurits, die een stuk kleiner was en zich schrap moest zetten om het gewicht van Kees te kunnen dragen. Jikke en Elisabeth, die naast Maurits in de kring stonden, sprongen snel bij. Samen zetten ze Kees weer recht. Die kreeg de smaak te pakken. Hardop lachend liet hij zich vrijelijk alle kanten op vallen, om steeds te eindigen in het vangnet van zijn medespelers. 'Prima, stop maar. Hoe voelde dat, Kees?'

'Geweldig!' riep deze. 'Weer terug in mijn kindertijd. Ik zal deze oefening op kantoor ook eens voorstellen, kunnen we lachen, ha ha!'

Tristan glimlachte en leidde Kees terug naar zijn plaats in de kring. 'Wie wil er nu?'

'Ik wil wel,' zei Sirpa met haar vinger in de lucht.

Na Kees leek Sirpa met haar tengere figuur een veertje. Met haar ogen dicht en haar armen gekruist voor haar borst liet ze zich probleemloos vallen. 'Oké, stop maar,' zei Tristan na een tijdje. 'Dat ging goed, Sirpa?'

'Ja hoor, geen probleem, maar ik heb dit vaker gedaan,' zei ze en ze plaatste zich weer tussen de anderen in de kring.

Tristans blik ging de kring rond. 'Elin, mag ik jou uitnodigen?'

Elin had liever nog wat langer toegekeken, maar stapte aarzelend de kring in en kruiste haar armen voor haar borst. 'Er kan niets gebeuren,' zei Tristan, die zag dat ze haar twijfels had. 'Sluit je ogen, gewoon even nergens aan denken, volg je lichaam.' Hij draaide Elin drie keer rond en liet haar los.

En daar, midden in een kring van mensen die ze nauwelijks kende, met haar ogen dicht en haar armen voor haar lichaam, overviel haar een gevoel van machteloosheid. Ze was alleen, niemand kon haar helpen. Ze zakte op de grond en legde haar handen op haar gezicht. Door de spleetjes tussen haar vingers zag ze haar klasgenoten om zich heen staan, mutsen op en sjaals om. 'Alle ballen op Elin,' joelde iemand. Voor ze het wist werd ze van alle kanten bekogeld door een regen van sneeuwballen die op haar broek en jas tot poeder uiteenspatte. Er klonk gelach en een luid 'bullseye!' toen een van de ballen haar achterhoofd raakte. Ze maakte zich zo klein mogelijk, drukte haar kin tegen haar borst en sloeg haar armen om haar knieën. De tranen rolden over haar wangen terwijl ze zich voorbereidde op de volgende klap tegen haar hoofd of lijf. Maar die klap bleef uit. Langzaam richtte ze haar hoofd iets op. Door haar tranen zag ze dat ze daar alleen zat. Haar klasgenoten renden weg, verder het dal in, sneeuwballen gooiend naar een volgend doelwit. Achteraan, in een rood skipak en witte sneeuwlaarzen, rende Sirpa. Haar blonde krullen wapperden onder haar muts uit. Even keek ze om. Toen ze zag dat Elin keek, rende ze verder naar de anderen.

'Lukt het niet, Elin?' Tristans stem bracht haar terug naar het repetitielokaal. Ze opende haar ogen en keek naar haar medespelers in de kring dicht om haar heen. Vriendelijke mensen die ze pas had ontmoet, die hoorden bij haar nieuwe leven en die hun armen uitnodigend naar haar uitstrekten, stuk voor stuk klaar om haar op te vangen zodra ze viel. Voor haar lachte Pirette haar bemoedigend toe. Elin lachte terug. Een golf van blijdschap overspoelde haar: er was niets meer om bang voor te zijn, hier was ze veilig. Ze haalde diep adem, sloot haar ogen en liet zich vallen. En nog eens. En nog eens. Het was heerlijk.

Weer thuis dacht ze aan Pascalle in Parijs. Ze miste haar vriendin verschrikkelijk. Wat zou het fijn zijn om nu de kroeg in te gaan, samen een wijntje te drinken en bij te kletsen. Over haar toneelclub, haar werk en misschien over Rogier en Fred. Maar dat ging niet. Parijs was niet het einde van de wereld, maar te ver om even aan te kunnen wippen. Ze zuchtte ervan. Erg jammer. Dan maar een uitgebreide mail, besloot ze, en ze plofte met haar laptop op de bank.

15

De volgende ochtend stapte ze al vroeg bij John in de auto. Ze werden om 10.00 uur op het hoofdkantoor van Sirens in Haarlem verwacht om de voorstellen voor de nieuwe huisstijl te presenteren. Ze waren al een tijdje onderweg en John was opvallend stil, hij had niet meer gezegd dan het hoognodige. Elin had zijn zwijgen eerst geweten aan het vroege tijdstip, maar na een half uur begon ze zich er ongemakkelijk bij te voelen. Ze keek John van opzij aan. Hij leek met zijn gedachten ver weg. 'John?' vroeg ze zacht. Hij reageerde niet. 'John?' Hij keek haar kort aan en ze schrok van zijn blik. In zijn ogen lag een wereld van verdriet. Hij zei niets, draaide zijn hoofd terug en staarde over zijn stuur naar de auto voor hen. Elin wist niet wat ze moest zeggen en was opgelucht toen John met een tik op een onzichtbaar knopje in zijn stuur de radio aanzette.

In de parkeergarage onder het hoofdkantoor van Sirens leek Johns sombere bui verdwenen. 'Zo, eens kijken waar we moeten zijn,' zei hij terwijl hij het portier dichtsloeg. 'Pak jij de voorstellen even?' Met een groot portfolio onder haar ene arm en drie presentatieborden en haar tas onder de andere haastte ze zich achter John aan die de trap naar de hal al op liep. In de hal had hij zijn gebruikelijke bravoure weer hervonden. 'Een bijzonder goedemorgen Els, mag ik je complimenteren met je schitterende ogen?' begroette hij de receptioniste, wier naam was te lezen op een badge op haar blouse. Het meisje was zichtbaar gecharmeerd van Johns vleierij. Ze streek haar haren tot drie keer toe achter haar oren en legde met haar vriendelijkste stem uit waar ze moesten zijn. John bedankte haar en stapte met grote passen op de lift af. Elin snelde hem achterna en kon de lift nog net binnen glippen voor de deuren zich achter haar sloten.

De achterwand van de lift was een spiegelwand. John bekeek zichzelf uitgebreid. Hij trok zijn jasje recht, schikte zijn stropdas, boog iets voorover en streek met zijn wijsvinger langs zijn wenkbrauwen. 'Laat mij het woord maar doen,' zei hij opeens zonder zijn blik van de spiegel af te wenden. 'Dit huisstijltraject kop ik er even in. Maar ik ga ze ook een reclamecampagne aansmeren met spots op radio en tv, en met inzet van social media; de hele rambam. Ze hebben geld zat en wij kunnen het goed gebruiken op het moment.' Elin knikte. Ze had zich al afgevraagd waarom er nog steeds geen nieuwe collega was aangenomen, in haar eentje kon ze het werk amper bijbenen. Maar nu begreep ze dat er geld nodig was. Misschien had dat hem in de auto zo beziggehouden. Ze zouden toch niet failliet gaan? Net nu ze haar draai een beetje had gevonden. Haar baan was misschien niet ideaal, maar ze had sympathieke collega's en ze verdiende genoeg om leuk te kunnen leven.

Een belletje gaf aan dat de lift de gewenste verdieping had bereikt. John draaide zich om, rechtte zijn schouders en tilde zijn kin iets omhoog. Zodra de deuren zich openden stapte hij de lift uit, energiek en blakend van zelfvertrouwen. Elin volgde op enige afstand. Ze moest plassen maar zei het niet. Dit was duidelijk niet het moment.

De afspraak met het hoofd communicatie en de marketingmanager van Sirens verliep totaal anders dan Elin had verwacht. Direct na binnenkomst stalde ze de presentatieborden uit en wachtte ingespannen op een seintje van John om haar ontwerpen toe te lichten. Maar die was met andere zaken bezig. Zeker drie kwartier spraken de heren over alles behalve de huisstijl van Sirens: auto's, de nieuwste tablet, vakantiehuizen, een wijnboer aan de westkust van Frankrijk en de maatpakken van een bekende televisiepresentator. Elin was gaan zitten, dronk haar koffie en wachtte ongeduldig. Toen John nog een mop had verteld waarom hij zelf het hardst moest lachen, kwam hij eindelijk ter zake. In minder dan tien minuten liet hij de mannen kiezen voor het eerste ontwerp en instemmen met een voorstel plus offerte voor een uitgebreide reclamecampagne. Elin werd niets gevraagd.

'Zo, dat doe ik toch leuk, hè?' zei John in de parkeergarage, in zijn handen wrijvend van genoegen. Elin zei niets. John had zijn doel bereikt, maar zij had er voor spek en bonen bij gezeten en dat beviel haar niet. Ze zocht naar woorden om John dit mede te delen, maar die stapte de auto in en was haar voor: 'Ik rij nog even naar Amsterdam. Zal ik je op het station afzetten, dan kun je met de trein terug.'

16

Met een dampend bord pasta pesto op schoot zakte Elin die avond op de bank neer. Na het tripje naar Haarlem, de lange terugreis met de trein en de middag op haar werk had ze geen fut meer nog maar iets te doen. Het vage voornemen om te gaan sporten had ze resoluut van tafel geveegd. Op de bank voor de tv was even helemaal prima. Met gesloten ogen nam ze een hap van de pasta die ze rijkelijk had bestrooid met vers geraspte Parmezaanse kaas.

Trrrrrrrringgg. De bel. Bah, nee. Zeker een collectant.

Geërgerd keek ze op het schermpje van de intercom. Er stond een vrouw met een petje op voor de buitendeur. Ze pakte de hoorn op. 'Ja?'

'Elin, ben je daar? Doe je open?'

'Pascalle?' Elin keek nog eens goed naar het schermpje. De vrouw zette haar petje af en keek haar recht aan. Opgezwollen ogen en uitgelopen mascara vertekenden haar gezicht, maar Elin herkende inderdaad haar vriendin. Wat was er gebeurd? Snel drukte ze op het knopje om de deur te openen.

Een paar tellen later stond Pascalle snikkend voor haar neus. Ze deed haar rugzak af, zette een schoudertas op de grond en viel tegen Elin aan. Die ving haar op en leidde haar naar de bank. 'Pascalle, wat is er gebeurd? Waarom ben je in Nederland?' vroeg ze op dwingende toon.

Pascalle haalde haar neus op en veegde met haar hand langs haar wangen. 'Die klootzak,' bracht ze uit.

'Wie? Laurent?'

'Hij lag gewoon met een ander wijf in bed! In ons bed! De vuilak.'

'Dat meen je niet.'

'Ja, en het was niet eens de eerste keer! We hebben gepraat en hij vertelde dat hij verliefd op haar was en eigenlijk ook een relatie had met haar. En weet je wat-ie vroeg?' Pascalles stem schoot omhoog van verontwaardiging.

'Nou?'

'Of ik dat niet kon accepteren! Dat hij er twee vriendinnen op nahield. Omdat-ie dan zo gelukkig was. Wat denkt-ie wel? Wat een hufter!'

'Sjezus, wat erg,' zei Elin, 'en ben je toen op de trein gestapt?'

'Ja, ik heb mijn spullen gepakt en ben weggegaan. Met de Thalys naar Brussel en met de trein hierheen. Mag ik vannacht hier blijven, Elin?'

'Natuurlijk. Blijf maar zolang je wilt. Wil je wat drinken? Heb je eigenlijk al gegeten?'

'Nee, maar dat ziet er wel heel lekker uit,' zei Pascalle, wijzend op het bord pasta dat Elin op tafel had gezet.

'Neem maar. Dan schenk ik een wijntje voor je in, dat kun je wel gebruiken.'

'Weet je het zeker?'

'Ja, ik neem wel een boterham,' zei Elin met iets van spijt in haar stem. Ze keek toe hoe haar vriendin aanviel op het bord pasta en pakte een fles rode wijn uit de kast. Ze was blij Pascalle te zien, al was het onder deze omstandigheden. Eindelijk een vertrouwd iemand om mee te praten. Iemand die haar kende en bij wie ze zichzelf kon zijn. Ze kon bijna niet wachten om

Pascalle te vertellen over haar nieuwe leven. Maar dat kwam later. Het was eerst belangrijk Pascalle weer op de been te helpen. Zou die omgekeerd niet precies hetzelfde doen voor haar?

17

Zaterdagavond stonden ze als vanouds samen voor de spiegel. Elins slaapkamer was een grote puinhoop. Overal slingerden schoenen en kleren, op de vloer lag een lege fles wijn en voor de passpiegel stond een bonte verzameling make-up en parfumflesjes. Beyoncé schalde door de kamer. 'I'm a survivor, I'm gonna make it, I will survive, keep on survivin'...,' zong Pascalle luidkeels mee. Ze was al aardig opgeknapt. Een paar avonden achter elkaar hadden ze tot in de kleine uurtjes zitten praten. Over Laurent en Parijs, maar ook over Elins nieuwe start. Het had Pascalle goed gedaan. Van het verdrietige vogeltje dat een halve week geleden op Elins stoep had gestaan, was niets meer over. Baldadig keek ze naar zichzelf in de spiegel, trok haar shirt wat verder naar beneden zodat haar decolleté nog beter uitkwam, en stiftte haar lippen vurig rood. 'Ze zullen weten dat we er zijn, vanavond!' riep ze naar Elin, die in de keuken een nieuwe fles wijn opende.

'Joehoe!' joelde Elin terug. Ze verheugde zich erop met Pascalle de stad in te gaan. Het was echt te lang geleden. Het zou alleen fijner zijn als ze niet zo moe was. De avondjes met haar vriendin waren gezellig geweest, maar Pascalle kon blijven liggen en een gat in de dag slapen, terwijl Elin naar haar werk had gemoeten. Ze voelde zich al lichtelijk aangeschoten en wist dat dat aan haar slaapgebrek te wijten was. Van twee wijntjes merkte ze normaal gesproken niets. Maar goed, morgen had ze de hele dag om bij te slapen, dacht ze, en schonk de twee glazen nog eens vol.

Drie kroegen en vele glazen later vond Elin het mooi geweest. 'Kom dame, we gaan een taxi zoeken want ik heb geen zin om dat eind nog te lopen,' zei ze tegen Pascalle terwijl ze haar arm vastpakte.

'Nee! We gaan niet naar huis hoor. Ik wil nog dansen!' riep die verontwaardigd uit. 'Nog heel eventjes maar Elin, toe,' zei ze en ze trok een pruillip. Ze zag Elin twijfelen en deed er nog een schepje bovenop: 'Zo vaak ben ik niet in Nederland.'

'Da's waar, vooruit dan. Maar we drinken niks meer, anders gaat het echt fout.' Maar Pascalle hoorde haar niet meer en rende zo goed en kwaad als het op haar hoge hakken kon al vooruit naar Bubbles, de populairste discotheek in de stad.

Binnen was het klef warm en het snoeiharde volume van de muziek deed de vloer trillen. Elin volgde Pascalle die zich tussen de mensen door naar de dansvloer probeerde te wurmen en nam zich voor niet langer dan een half uur te blijven. Ze hield niet van dansen en kwam dan ook niet graag in een discotheek, in een kroeg voelde ze zich veel meer op haar gemak. Pascalle had de dansvloer bereikt en begon met een stralende blik uitbundig te dansen. Mensen naast haar keken eerst geërgerd om, maar lachten toen ze Pascalles enthousiasme zagen. Elin grijnsde en gebaarde naar Pascalle dat ze drankjes ging halen aan de bar.

Met twee spa rood in haar handen keek Elin naar de deinende menigte. Pascalle had een danspartner gevonden, en wat voor een... Elins mond zakte open toen ze zag wie het was: John. Haar vriendin stond met haar baas te dansen! Wat deed hij nou hier? En met wie? Ze keek rond, maar zag niemand die bij John leek te horen. Was hij hier alleen? Toch vreemd. Ze probeerde Pascalles blik te vangen, maar die stond met haar ogen dicht uit haar dak te gaan. Ernaartoe lopen was geen optie; Elin had geen zin in een geforceerd gesprekje met John, midden op een dansvloer vol aangeschoten lui. Het was trouwens maar de vraag of John in was voor een gesprekje met haar, bedacht ze toen ze zijn handen langs Pascalles lichaam zag glijden. O nee, Pascalle vond het nog leuk ook. Ze draaide haar rug naar John en danste verder, dicht tegen hem aan. Nou ja dansen, dat was niet helemaal de bewoording voor de bewegingen die gemaakt werden. Ze zag dat John iets in Pascalles oor fluisterde. Die keek hem verrast aan en knikte. Samen liepen ze de dansvloer af, langs Elin, naar de toiletten. Elin volgde op een afstandje. Toen ze de hoek om kwam, zag ze nog net dat John een van de deuren van de damestoiletten sloot. Oké, dacht Elin, wat nu? Op de deur kloppen? Buiten wachten? Of een taxi pakken en naar huis gaan? Ze had in ieder geval geen zin hier in haar eentje te blijven staan. In stilte vervloekte ze haar vriendin. Ze waren toch samen op pad? Ze zoekt het maar uit, dacht Elin en ze liep naar de garderobe om haar jas te pakken. Plots werd ze zo ruw opzij geduwd dat ze struikelde en op de grond lag voor ze er erg in had. 'Hé!' riep ze en ze keek op naar de man die doorrende zonder op of om te kijken. Het was John. Hij hield zijn ene hand voor zijn gezicht en met de andere hand duwde hij iedereen opzij die hem in de weg liep. Hij stoof naar buiten en verdween in de nacht.

Pascalle! Elin sprong op en rende naar de damestoiletten. Tegen de muur, op de grond, zat haar vriendin met haar armen om haar knieën en haar hoofd achterover. 'Pascalle, wat is er gebeurd?!' Elin zakte naast haar vriendin en pakte haar handen vast. Pascalle glimlachte breed.

'Eeelin... Eeelin... jij bent mijn vvvriendin, hè?' sprak ze met lijzige stem. Haar ogen vielen bijna dicht. Ze leek stomdronken.

'Wat is er gebeurd, Pascalle?' vroeg Elin nog eens, met harde stem.

'Hhhij had een pppilletje voor me...' bracht Pascalle uit. 'Ssspannend hè?'

'Een pilletje? En dat heb je genomen?' Elin nam het hoofd van haar vriendin tussen haar handen. 'Wat is er toen gebeurd? Waarom rende John zo hard weg? Wat heeft-ie gedaan?'

Pascalle keek Elin niet begrijpend aan. 'Djjjohn?'

Elin zuchtte geërgerd en voelde dat ze kwaad werd. 'Ja, dat was John. Wat heeft-ie gedaan, Pascalle? Zeg op!'

'Nnnou Elin, rrrelax... We namen een pppilletje... en toen wilde hij zoenen en zo, maar ik niet... En tttoen heb ik 'm gebeten, in zijn nnneus...nnnogal hard...' Die zin kostte Pascalle veel moeite. Ze liet haar hoofd voorover vallen en bleef zo zitten.

John in zijn neus gebeten? IJdele John met zijn dure pakken en mooie praatjes? Het haantje dat zo vol was van zichzelf? Die dus de komende weken met een gezwollen en verkleurd reukorgaan moest rondlopen? Elin kon er niets aan doen, maar daar op de vloer van de damestoiletten, voor het oog van wat verbaasde toeschouwers, lachte ze zo hard dat haar kaken de volgende dag nog pijn deden.

Die maandag was John niet op kantoor. Hij zou de hele week niet komen, wist Carolijn te vertellen. Hij moest opeens naar het buitenland voor een aantal meetings met een prospect.

18

'Met Elin.'
'Dag schat, met mij. Hoe was het?'
'Eh... wat?'
'Je bezoek aan dokter Jonathan. Daar ben je vorige week zaterdag toch geweest? Ja, jij belt niet, maar ik ben toch benieuwd hoe het was, dus bel ik zelf maar. Hoe was het?'
'O, goed hoor. Ik wilde nog bellen, maar...'
'Ja, ik heb het de hele week ook zo druk gehad dat het er niet eerder van kwam. Maar wat zei de dokter? Vond hij dat het goed met je ging?'
'Ja, hij zei dat ik al grote stappen had gezet.'
'Nou dat is fijn, hè? Als zo'n dokter dat zegt. Die weet wel waar hij over praat. Het is zo'n knappe man. En heb je nou gezien hoe de praktijk verbouwd is?'
Zucht. 'Ja, dat heb ik gezien. Mooi hoor.'
'Heel goed. Maar ik belde ook nog voor iets anders. Het lijkt me leuk binnenkort bij je langs te komen. Ik heb je al zo lang niet gezien. Zou het aanstaande zaterdag uitkomen? Dan kom ik rond een uur of elf. Kunnen we misschien ergens gaan lunchen en even gaan winkelen en dan blijf ik eten, want anders ben ik er net en kan ik zo weer terug. Dan ga ik na het eten weer op huis aan. Wat vind je?'
'Eh... ja, oké hoor..., gezellig.'

'Heel goed, doen we dat zo. Dag schat, zorg je goed voor jezelf?'

'Ja, mam.'

19

In de spiegel leken de littekens groter dan wanneer ze er van bovenaf naar keek. Daarom droeg ze het liefst een shirt als ze voor de spiegel stond. Maar vandaag was het anders. Ze wist niet goed waar de behoefte vandaan kwam, maar ze wilde de littekens zien en aanraken. Ze trok haar shirt over haar hoofd uit en liet het vallen op de badkamervloer. Ze haakte haar bh los en staarde naar de huid ter hoogte van haar hart. In haar huid waren zeven rondjes zichtbaar, in de vorm van een cirkel. Het leek een tatoeage, maar in plaats van zwart, waren de tekens wit. Met haar vinger streek ze over de rondjes en voelde de opgehoogde huid. Het deed geen pijn meer. Ze nam een tube uit het kastje onder de wastafel en smeerde voorzichtig wat crème op het littekenweefsel. Dat hielp een beetje, de lijntjes waren de afgelopen maanden iets smaller geworden. Maar verdwijnen zouden ze nooit. Ze was voor altijd een gebrandmerkte vrouw. Precies zoals hij gewild had.

Ze was die middag te laat thuisgekomen. Het was heerlijk geweest in het park. Op een bankje in de zon had ze zitten lezen en gekeken naar kinderen die speelden met een hond. Ze was de tijd vergeten en wist, toen ze de kerkklokken hoorde luiden, dat ze op haar kop zou krijgen. Onderweg naar huis had ze nog snel een dvd gehaald die Daniël al langer wilde zien. Als goedmakertje, een offer voor haar zonde. Maar dat had niet geholpen. Buiten zinnen was hij geweest, erger dan ooit. Hij had haar nooit fysiek pijn gedaan, dat was zijn stijl niet. Het was begonnen met reprimandes en opsluitingen in de voorraadkast. Later had hij haar vastgebonden op bed en drie keer had hij haar door het rietje laten ademen, waardoor ze bewusteloos was geraakt. Maar geslagen had hij nooit. Ze had de klap toen ze de deur opende dan ook niet verwacht. Ze viel met haar hoofd tegen de deurpost en sloeg vervolgens tegen de grond. Hij sloot de deur en sleepte haar aan haar armen naar een stoel die hij midden in de kamer al had klaargezet. Hij bond haar vast, stopte een grote prop keukenpapier in haar mond en ging tegenover haar op de tafel zitten. Ze was doodsbang geweest.

'Jij leert het nooit,' had hij gezegd met een stem die stikte van ingehouden woede. Zijn hoofd was knalrood en er stonden zweetdruppels op zijn voorhoofd. Ze weet nog dat hij voortdurend met zijn hand over zijn lippen wreef.

'Jij hoort bij mij, je moet bij mij zijn. Altijd, altijd, altijd.'

Ze had geprobeerd iets te zeggen, maar de prop in haar mond maakte dat onmogelijk. Meer dan wat gegrom kon ze niet uitbrengen. Het touw om haar handen en voeten zat strak, ze kon geen kant op.

Toen hij de appelboor uit zijn broekzak haalde, had ze eerst geen idee wat hij daarmee van plan was. Hij liep achter haar langs de keuken in en stak het gas aan. Ze hoorde hem zacht praten, onsamenhangend en aan een stuk door. 'Bij mij, van mij, bij mij, van mij, tot in de eeuwigheid amen. Van mij, bij mij, altijddurend verbond, altijddurend, altijd...'

Hij was teruggekomen, had haar blouse opengeknoopt en haar bh naar boven geschoven. Het ijzeren uiteinde van de appelboor was roodgloeiend. Met kracht stootte hij de boor tegen haar hart. Ze voelde een pijn die ze nog nooit had gevoeld. De schok die door haar lichaam trok deed haar met stoel en al omvallen. Daniël sprong boven op haar en drukte haar met zijn knieën en zijn vrije hand tegen de grond. Met een maniakale grijns op zijn gezicht duwde hij de appelboor steeds opnieuw tegen haar borst. Ze dacht dat ze doodging. Dat was misschien ook gebeurd; het is niet te zeggen waartoe Daniël op dat moment nog meer in staat was. Het speeksel in haar mond heeft haar gered. Dat had de prop papier zachter en kleiner gemaakt, waardoor het lukte hem uit te spugen en het op een krijsen te zetten.

De buurman had de deur ingetrapt en Daniël bewusteloos geslagen. Hij had haar losgemaakt, waarna ze haar telefoon had gepakt en 112 had gebeld. Zij was in een ambulance naar het ziekenhuis gebracht en de politie nam Daniël mee. Sindsdien had ze hem niet meer gezien.

Ze legde de tube crème terug in het kastje en trok haar kleren weer aan. Die grijns van Daniël toen hij op haar zat en haar toetakelde, zag ze nog bijna elke nacht. Overdag ging het wel, dan had ze voldoende afleiding, maar 's nachts, alleen in bed, drong het beeld zich aan haar op en kon ze het niet blokkeren. Duivel Daniël liet haar niet met rust, hij had haar in de donkere uren van de nacht nog steeds in zijn macht. Daar kon geen verhuizing tegenop. Ze sloeg met haar vuist op de rand van de wastafel en keek met samengeknepen ogen naar haar gezicht in de spiegel. Dit kon zo niet langer, ze moest iets doen.

20

'Fijn dat ik zo snel kon komen.'

'Je zei dat er haast bij was.' Jonathans stem klonk ongerust, maar hij vroeg niet verder en wachtte af.

Elin keek de kamer rond maar zag weinig. Ze was zenuwachtig en wist niet goed hoe te beginnen. Dat ze hier zat, zo snel na de vorige keer, was voor beiden een verrassing. Thuis leek haar idee om een einde te maken aan haar nachtmerries over Daniël lang niet gek. Ze had besloten het aan Jonathan voor te leggen en het met zijn goedkeuring ten uitvoer te brengen. Maar nu ze tegenover hem op de bank zat, kreeg ze bijna spijt. Het was eigenlijk belachelijk. Gegeneerd liet ze haar hoofd zakken.

'Elin? Begin maar gewoon.'

'Ik heb een idee,' wist ze uit te brengen.

'Je hebt een idee?'

Ze zuchtte eens diep. 'Ja, maar het slaat waarschijnlijk nergens op. Ik had beter niet kunnen komen.'

'Misschien,' zei Jonathan. 'Maar je bent er nu toch, dus vertel maar. Kunnen we lachen.'

Verbaasd keek ze op. Toen ze zijn grijns zag, moest ze ook lachen. 'Oké dan. Ik dacht, misschien is het een goed idee als ik Daniël opzoek in het gekkenhuis.'

Jonathan reageerde niet.

'Ik denk nog zo vaak aan hem. Ik droom over hem, ik slaap slecht, heb nachtmerries. Daar wil ik gewoon van af. Op tv zie je wel eens dat slachtoffers van een misdrijf de confrontatie met hun aanvallers aangaan. Om nog iets te zeggen of te vragen. Om de boel af te kunnen sluiten. Ik dacht dat mij dat misschien ook zou helpen. Zoiets.' Ze haalde haar schouders op. 'Wat vind jij?'

Jonathan ging even verzitten. 'Als jij dat zo voelt Elin, dan kan het alleen maar goed zijn. Ik denk niet dat een confrontatie in alle gevallen wenselijk is, maar jij zou er baat bij kunnen hebben. Jullie hebben nooit afscheid genomen. Je hebt elkaar na het laatste incident nooit meer gesproken. Jullie relatie is in feite nooit beëindigd. Ik kan me voorstellen dat je vragen hebt, dat je dingen wilt zeggen. En misschien is het voldoende hem alleen maar te zien. Kijken hoe het hem gaat. Als dat jou een gevoel van afsluiten geeft, is dat een bezoek dubbel en dwars waard.' Hij kuchte kort. 'Tegelijkertijd wil ik je waarschuwen: een confrontatie kan pijnlijk zijn en herinneringen oproepen die je met een reden had weggestopt. Het is mogelijk dat Daniël niet reageert zoals jij hoopt. Hij kan dingen zeggen die kwetsend zijn. Heb je daaraan gedacht?'

Elin knikte. 'Ja, daar heb ik aan gedacht. Maar niets wat hij kan zeggen zal meer pijn doen dat wat hij al gezegd en gedaan heeft.'

Jonathan wreef met zijn hand over zijn gezicht. 'Wat wil je hem vragen?'

Daar hoefde ze niet over na te denken. 'Waarom? Waarom is hij zo geworden? We hadden het toch goed? Dat vond hij toch ook? Heb ik iets fout gedaan? Wat dan? Waarom deed hij wat hij deed?' Als vanzelf rolden de vragen uit haar mond. 'Ziet hij zelf in wat hij gedaan heeft? Heeft hij er spijt van?' Ze slikte haar opkomende tranen weg. 'Heeft hij er spijt van?' zei ze nog eens.

Jonathan keek haar aan, zijn blik vol medeleven. 'Je weet waar hij zit. Neem contact op met zijn behandelend arts en vertel hem wat je mij verteld hebt. Hij zal dan beoordelen of je op bezoek mag komen.'

Elin stond op. 'Ja, dat ga ik doen.'

'Veel succes. Ik hoor graag hoe het verder gaat.'

21

Zend. Klaar. *Pfff.* De mail was verzonden, nu kon ze niet meer terug. Dokter Verhoeven, de behandelend arts van Daniël in de Valkenberg Kliniek, had haar die ochtend vriendelijk te woord gestaan. Hij vond het goed dat ze Daniël kwam opzoeken. Meteen morgen al. Nog even had ze gehoopt dat het hele verhaal niet door zou gaan, dat de kliniek geen bezoekers toestond zodat ze haar plan moest cancelen en haar ex niet onder ogen hoefde te komen. Maar ze wist dat dat een vlucht zou zijn. Ze moest hem zien om een punt te zetten achter hun gezamenlijke verleden, daarvan was ze na haar gesprek met Jonathan overtuigd. Wat dat betreft was het juist goed dat ze er morgen al heen kon. Hoe eerder ze Daniël zag, hoe eerder ze het boek kon sluiten. Dokter Verhoeven had haar verzocht in een e-mail te benoemen wat ze met het bezoek hoopte te bereiken en wat haar vragen waren. Die mail had ze net verstuurd. Morgen zou ze eerst de dokter spreken en daarna kon ze Daniël zien. Tot voor kort had ze zich niet voor kunnen stellen dat dit nog eens zou gebeuren. Vreemd hoe snel dingen kunnen veranderen. Net als je denkt dat je alles op de rit hebt, gebeurt er iets wat de boel weer op zijn kop zet.

Toen ze net samenwoonden, kon ze haar geluk niet op. Samen gingen ze op zoek naar mooie meubels en gordijnen. Geld was geen probleem; Daniëls vader leverde een fikse bijdrage.

Compensatie voor zijn jarenlange afwezigheid, noemde Daniël het. Maar hij nam het geld graag aan zodat ze zich samen te buiten konden gaan aan een overvloed aan keukenspullen in een luxe kookwinkel. Ze maakte plannen om samen kookles te nemen, de lekkerste recepten te verzamelen en etentjes te organiseren voor vrienden. Met vis, schaal- en schelpdieren en de wijnen waar ze allebei dol op waren. Het vooruitzicht leek veelbelovend, maar uiteindelijk was er niet veel van terechtgekomen. Ze herinnerde zich welgeteld één etentje met vrienden van Daniël. Toen dat laat op de avond eindigde in ruzie omdat een van zijn vrienden volgens Daniël meer aandacht schonk aan Elin dan aan het eten, vielen alle mooie voornemens in duigen. Misschien had ze toen al op moeten stappen, dacht Elin nu. Maar dat was wijsheid achteraf. Toen kon ze nog niet weten dat zijn misplaatste jaloezie onvoorstelbare proporties zou aannemen.

Achteraf bezien was ook hun tripje naar Parijs om te vieren dat ze een jaar samenwoonden, een teken aan de wand geweest. In de lift in de Eiffeltoren had hij haar er op de eerste verdieping al uit getrokken om de weg naar het tweede platform via de trap te vervolgen. Ze snapte er niets van, maar pas toen ze hijgend boven aankwamen en ze bleef vragen waarom hij niet meer in de lift wilde, zei hij stug dat er te veel mannen in de lift hadden gestaan en dat hij er niet tegen kon dat ze haar aanstaarden. Een man achter haar zou zelfs aan haar haren hebben geroken, hij had het duidelijk gezien. 'Ik was hem bijna aangevlogen,' had Daniël gezegd, daarom leek het hem beter uit te stappen en de trap te pakken. Elin vond het raar, maar ergens ook romantisch. Het had toch wel wat als een man je zo zeer wilde beschermen en wilde voorkomen dat je lastiggevallen werd. Ze had zelf totaal niets gemerkt van mannen die haar hadden aangestaard, laat staan dat ze aan haar gesnuffeld zouden hebben, maar misschien had ze gewoon niet goed opgelet en was Daniël alerter. Daar was toch niets mis mee? Vooral niet in een vreemde stad.

Goedpraten, dat had ze jarenlang gedaan. Zijn vreemde gedrag verklaard. Logisch gemaakt wat welbeschouwd helemaal niet logisch was. Ze was er zeer bedreven in geraakt. Omdat hij de eerste en enige man was van wie ze hield, en om de lieve vrede te bewaren. Als hij niet verder was doorgeslagen, waren ze misschien nog steeds wel bij elkaar geweest. Maar zo was het niet. Hij was wel doorgeslagen en had daarmee het einde van hun liefde en hun leven samen geforceerd. Hij had haar leven op zijn kop gezet, en het was aan haar dat weer vlot te trekken.

22

De Valkenberg Kliniek was in feite een schitterend landgoed. Na de gietijzeren toegangspoort volgde eerst een oprijlaan van een paar honderd meter, aan beide zijden gesierd met rijen statige populieren. De laan eindigde in een groot rond plein met in het midden een fontein waarin een engel uit een kan een oneindige stroom water goot. Achter de fontein, grenzend aan het plein, lag een immense villa. Drie verdiepingen hoog, en met de witgepleisterde muren, de grote vierkante ramen en het rieten dak had het iets weg van een kostschool, een internaat voor kinderen van rijke zakenlui.

Elin was met de bus gekomen en had het laatste stuk gelopen. Bij de fontein hield ze even haar handen in het water. Het voelde heerlijk koel. Ze had het warm gekregen van de wandeling en deed haar sjaal af. Naast de entree hing een bord.

VALKENBERG KLINIEK
PRIVAAT BEHANDELCENTRUM VOOR MENSEN MET
EEN PSYCHIATRISCHE AANDOENING
SINDS 1954

'Behandelcentrum,' mompelde Elin, 'mooi woord voor een gekkenhuis.' Daniël zat hier nu bijna een jaar. Toen ze na die verschrikkelijke dag eindelijk de moed had gehad de politie te bellen, was het snel gegaan. De politie had een arts ingeschakeld die direct bepaalde dat opname in een psychiatrische inrichting noodzakelijk was. Daniëls vader was overgekomen uit Singapore, waar hij gestationeerd was, en had ermee ingestemd. Zijn keuze viel op de exclusieve Valkenberg Kliniek in de bossen bij Zeist.

'Oké, daar gaan we.' Ze liet de zware klopper op de deur vallen. Nu kon ze niet meer terug. Maar dat wilde ze ook niet, dit had ze nodig: Daniël nog een laatste keer zien, afscheid nemen en het boek sluiten. Ze dacht aan de woorden van Jonathan: het verleden uitwissen gaat niet, maar je kunt er wel bewust voor kiezen je leven er niet meer door te laten beïnvloeden. 'Precies. Dat gaan we nu doen, en dan is het klaar.'

Een oudere dame in een mantelpakje opende de deur. 'Mevrouw Van Driel?' Elin knikte. 'Hartelijk welkom. U bent mooi op tijd. Mag ik u voorgaan?' Elin volgde de vrouw door een royale hal naar een belendende kamer waar een aantal leren fauteuils om een open haard was geschaard. De haard brandde niet. 'Wilt u hier plaatsnemen, dan wordt u zo gehaald. Hebt u zin in een kopje koffie of thee?'

'Nee hoor, bedankt.'

De vrouw lachte nog eens vriendelijk en sloot de deur achter zich. Elin ging zitten, maar stond meteen weer op. Ze was onrustig en liep naar een van de ramen aan de andere kant van de kamer. Ze keek uit op een binnentuin, waarin twee jonge vrouwen op een bankje zaten te praten. Wat verderop zat een jongen in het gras en achter een lage beukenhaag zag ze een oudere man in een rolstoel. Vast patiënten, dacht Elin. Wat zou hen mankeren? Er moet toch heel wat gebeuren wil je hier terechtkomen.

Ze schrok op van een korte kuch en draaide zich snel om.

Een lange man in een donker pak keek haar ernstig aan.

'O, dag dokter, ik had niet door dat u er al was.' Ze stapte op hem af en stak haar hand uit. 'Ik ben Elin van Driel, ik wilde met u praten over Daniël Spekkoper.'

De man pakte haar hand niet aan. Hij bleef stokstijf staan en hield haar blik vast met zijn ogen. Verbaasd liet Elin haar hand weer zakken. 'Dokter?' Een zachte grom klonk uit de keel van de man. Hij opende zijn mond en de grom werd luider. Elin schrok en wist even niet wat ze moest doen. Ze keek om zich heen en ging achter een van de stoelen staan, zodat die tussen haar en de man in stond. Dit was geen dokter, dat was duidelijk, dit was een patiënt. Moest ze iemand roepen? De man had zijn mond inmiddels wagenwijd geopend en liet de grom aanzwellen tot een eindeloze schreeuw. Elin sloeg haar handen tegen haar oren en rende naar de deur, trok die open en struikelde over de drempel de gang in. Ze zag niemand en rende in paniek terug naar de hal, door de voordeur naar buiten, waarna de deur achter haar dichtviel. Hijgend bleef ze staan. Wat was dat nou? Gadverdamme. Dit was toch een psychiatrische inrichting? Daar gingen alle deuren toch op slot? Nou, mooi niet dus. Wat een gek. En ik sta weer buiten, dacht Elin. Ze draaide zich om en liet voor de tweede keer de klopper op de deur vallen.

Het duurde even voor de oudere dame de deur weer opende. 'Mevrouw Van Driel, fijn dat u er bent,' zei ze alsof er niets was gebeurd. 'Volg mij, dokter Verhoeven verwacht u.' Verbaasd liep Elin achter de vrouw aan. Deze keer leidde ze Elin door de hal de trap op, naar een lange gang met aan weerszijden kamers. Voor de eerste deur aan de rechterkant hield ze halt. 'Ga hier maar naar binnen,' zei de vrouw en ze liep terug. Aarzelend klopte Elin op de deur. Een tweede ontmoeting met een van de onbekende bewoners zag ze niet zitten. Na een kort 'Binnen' stak ze eerst voorzichtig haar hoofd om de deur. Achter een bureau zat een man in een witte jas en een badge op zijn borst. Dat stelde gerust.

'Kom verder, mevrouw Van Driel. Ik heb hier een zitje waar we rustig kunnen praten voordat we Daniël opzoeken. Lust u koffie?' Elin knikte dankbaar. Door alle consternatie was ze even vergeten hoe zenuwachtig ze was om Daniël weer te zien.

'Een mooie dag vandaag, niet?' begon de dokter, terwijl hij Elin haar kopje aanreikte. Met zijn zachtblauwe ogen en grijze haar deed hij haar denken aan haar opa, die al lang geleden was overleden, maar aan wie ze dierbare herinneringen bewaarde.

'Ja. Een prachtig gebouw hebt u hier.'

'Daar mogen we inderdaad niet over klagen, al is het de vraag hoe lang we het nog kunnen behouden. Het pand is flink verouderd en de landerijen kosten een vermogen aan onderhoud.' Hij kuchte en nam een slok van zijn koffie. 'Maar laat ik u daarmee niet vermoeien. U hebt een bezoek aangevraagd bij Daniël Spekkoper. Ik heb uw e-mail gelezen en ik begrijp uw redenen hiervoor. We krijgen dit soort verzoeken een paar keer per jaar en staan daar niet onwelwillend tegenover. Sterker nog, als de behandeling het toestaat, juichen we bezoek aan onze bewoners zelfs toe.'

Hij wierp een blik op zijn horloge en zakte achterover in zijn stoel. 'We werken hier met z'n allen aan één doel: de terugkeer van onze bewoners in de maatschappij. Wat dat betreft is er de laatste jaren veel veranderd. Vroeger sloten we ze het liefst zo lang mogelijk op, de mannen en vrouwen die door een aandoening vreemd gedrag gingen vertonen. Vooral de criminele patiënten zaten jarenlang vast. Soms volkomen terecht, uiteraard. Maar de laatste jaren hoor je ook andere geluiden. Je kunt je afvragen of opsluiting en isolatie mensen voorbereidt op een normaal leven.' Bij het woord 'normaal' gebaarde hij kort met zijn vingers.

'Wij denken dat het anders kan. In de Valkenberg Kliniek staan we een humane behandeling voor. Hier wonen geen monsters, maar mensen, gewone mensen zoals u en ik, die door allerlei mogelijke omstandigheden een misstap hebben begaan. Een wezenlijk nieuwe benadering die zijn vruchten afwerpt. Met therapie, medicatie en een gedisciplineerd weekprogramma bereiken we mooie resultaten.'

Elin zag het enthousiasme van de dokter en dacht aan de gestoorde man die ze zojuist had ontmoet. Niet bepaald een voorbeeld van een 'mooi resultaat'. Alsof hij haar gedachten raadde, haastte de arts zich te zeggen dat niet alle bewoners vooruitgang boekten. 'Helaas, sommige bewoners sluiten zich af en verzetten zich tegen elke vorm van therapie. Dan kunnen wij niet veel meer doen dan medicatie verstrekken en een vinger aan de pols houden. Volledige medewerking van de bewoner aan zijn behandeling is essentieel voor een positief resultaat.'

Elin knikte. 'Ik kwam net een bewoner tegen en dat had ik eigenlijk niet verwacht. Ik dacht dat iedereen hier achter een gesloten deur zat, maar dat past waarschijnlijk niet binnen uw beleid?'

'Nee, nee, zeker niet,' antwoordde de arts, 'de kamerdeuren zijn gesloten van half tien 's avonds tot acht uur 's ochtends, maar overdag zijn ze open. Bewoners weten precies waar ze wel en niet mogen komen en houden zich daar over het algemeen keurig aan. Goed gedrag belonen we hier namelijk met privileges. We hebben een populaire boeken- en filmcollectie.

Maar ook het kerkbezoek in het dorp en wandelingen in onze beeldentuin zijn gewilde uitjes.'

Na nog een blik op zijn horloge maakte hij met een handgebaar een einde aan zijn verhaal. 'Enfin. U komt hier voor Daniël, die kunt u zo ontmoeten. Weet dat alle gesprekken in onze bezoekruimte op camera worden opgenomen en dat een van onze assistenten bij u in de kamer blijft. Dat eist ons veiligheidsreglement en daar houden we ons strikt aan.' Hij keek Elin vriendelijk aan. 'Dan lijkt het me goed dat ik u nog wat over Daniël vertel voordat we naar hem toe gaan.

Daniël kampt met een persoonlijkheidsstoornis die ervoor zorgt dat hij op sommige momenten geen controle heeft over wat hij doet of zegt. Wat wij als werkelijkheid ervaren, is voor hem een flexibel begrip. Hij is in staat om in onze werkelijkheid te functioneren, maar van tijd tot tijd verruilt hij onze bestaanswereld voor een andere, die wij niet kennen. Een wereld die hij zelf creëert, die voor ons niet bestaat maar die voor hem minstens even echt is als de onze. Op die momenten zijn de zinnen die hij formuleert niet meer te begrijpen en kan hij onverwacht gedrag vertonen. Wij weten vooraf niet wanneer hij voor die andere wereld kiest, of wat er precies voor zorgt dat hij switcht.'

'Krijgt hij medicijnen?'

'Hij ondergaat een behandeling met gespreks- en groepstherapie, en hij krijgt medicatie. Maar tot mijn spijt moet ik zeggen dat hij niet veel vooruitgang boekt. Eigenlijk is er nog te weinig bekend over zijn specifieke aandoening om hem afdoende te kunnen helpen. Er zijn dagen dat het hem goed gaat, dan werkt hij bijvoorbeeld in onze moestuin en kan hij deelnemen aan de dagactiviteiten. Maar er zijn ook momenten dat dat niet gaat en hij in een van onze zachte kamers moet verblijven.'

'Zachte kamers?'

'Dat zijn kamers zonder meubilair waar onze patiënten zichzelf en anderen geen kwaad doen en waar ze tot rust kunnen komen. Opname in deze kamers proberen we tot een minimum te beperken, maar soms is er geen andere mogelijkheid.'

Elin knikte. 'Hoe is het vandaag met hem?'

'Vanmorgen was hij erg rustig. De hele week gaat het redelijk. Er hebben zich geen bijzonderheden voorgedaan.'

'Weet hij dat ik kom?'

'We hebben hem dat gisteren verteld. Hij lachte toen hij uw naam hoorde, maar of hij werkelijk begrepen heeft dat u hem vandaag bezoekt, durf ik niet te zeggen.'

Dokter Verhoeven sloeg op zijn knieën ten teken dat het gesprek wat hem betreft kon worden afgerond. 'Daniël zit nu in onze binnentuin. Als u geen vragen meer hebt, breng ik u naar de bezoekruimte. Daniël komt daar ook naartoe.'

'Eh... ja, ik wil nog wel weten of hij me kwaad kan doen,' vroeg Elin met rode wangen. Nu het moment waarop ze Daniël ging zien bijna tastbaar was, kreeg ze het Spaans benauwd. Verstandelijk kon ze prima verklaren waarom het een goed idee was om haar ex te bezoeken, maar met haar gevoel kon ze er niet meer bij. Haar binnenste protesteerde heftig tegen een confrontatie met de gek die haar bijna had vermoord. Binnen enkele minuten zou ze weer in dezelfde ruimte zijn met de man die haar ernstig had beschadigd. Vanuit haar tenen voelde ze de drang op te staan, weg te rennen en nooit meer om te kijken. Maar dat deed ze niet. Ze klemde haar handen om de leuningen van de stoel en keek de dokter afwachtend aan.

'Dat is uitgesloten. Hoewel het waarschijnlijk niet nodig is, de medicijnen houden hem immers al kalm, hebben we Daniël

voor uw bezoek gefixeerd. Dat houdt in dat zijn bovenarmen en polsen en zijn bovenbenen en enkels met straps zijn vastgemaakt aan de stoel. Hij kan u niets doen. Bovendien is de assistent aanwezig om in te springen als dat nodig is. Verder bent u uiteraard vrij om het bezoek te beëindigen zodra u dat wilt. De assistent zal u dan weer naar buiten begeleiden. Akkoord?'
'Ja, oké.'
'Uitstekend. Dan breng ik u nu naar Daniël.'

23

Met lood in haar schoenen liep Elin achter dokter Verhoeven aan. Hij leidde haar de trap af, liep via de hal naar een kleine bezoekruimte, ging voor het raam staan en wees naar buiten. 'Kijk, daar heb je hem.' Elin liep langzaam dichterbij en volgde de blik van de dokter. Ook deze kamer keek uit op de binnentuin. Een verpleger in een wit uniform duwde een man in een rolstoel over het tuinpad. De man die ze eerder had aangezien voor een bejaarde, was Daniël. Hij zat voorovergebogen, staarde naar zijn voeten en beet op zijn onderlip. Om zijn bovenarmen en polsen zag ze de witte banden die hem aan de armleuningen van de rolstoel ketenden. Elin was perplex. Ze had van alles verwacht, maar niet dit: een zielig hoopje mens, voortgeduwd in een rolstoel.

'Waarom zit hij in een rolstoel?' vroeg ze.

'Hij kan wel lopen, maar is momenteel te zwak om dat vol te houden,' zei dokter Verhoeven. 'Bovendien is hij een aantal keren gevallen en heeft zich daarbij licht verwond. Voor zijn eigen veiligheid is een rolstoel nu het beste.'

Met een blik op zijn horloge liep hij naar de deur. 'Goed, dan laat ik u nu alleen. Als u nog vragen hebt, weet u mij te vinden. Tot ziens.'

Elin nam plaats op een van de vier fauteuils die om de lage tafel stonden. Aan een muur hing een onopvallend schilderijtje, verder was de ruimte leeg. Achter de gesloten deur hoorde ze Daniël en de assistent naderen. Ze voelde haar handen trillen en stak ze onder haar benen. Langzaam ging de deur open en daar was hij: Daniël, de man die haar leven vijf jaar lang had bepaald. De man van wie ze meer dan van wie ook had gehouden, maar ook de persoon die ze het meest had gevreesd. De assistent reed hem zwijgend tot aan de tafel en liep toen achteruit naar de muur, waar hij met een afgewende blik bleef staan.

Daniëls houding was nog dezelfde als die in de tuin. Hij zat voorovergebogen en staarde naar zijn voeten. Hij droeg geen schoenen maar een soort pantoffels. Verder een blauw shirt met lange mouwen op een bruine ribbroek. Zijn haren waren gekamd. Ze zag dat hij al flink grijs werd.

Ze trok haar handen onder haar benen vandaan – ze trilden niet meer – en boog wat voorover om Daniëls blik te vangen, maar dat lukte niet.

'Daniël? Ik ben het, Elin.'

Nog voor hij opkeek verscheen er een lach op zijn gezicht, die hem er meteen jonger uit deed zien. Hij bleef voorover zitten, rolde zijn ogen omhoog en keek haar recht aan.

'Elin,' zei hij met een stem die ze uit duizenden zou herkennen. Zijn gestalte mocht veranderd zijn, zijn stem was nog exact dezelfde. Ze kreeg kippenvel en schoof onbewust wat naar achteren in haar stoel.

'Hhhoe... hoe gaat het met je?'

'Elin,' zei hij weer en hij lachte naar haar.

'Ja, ik ben Elin. Hoe gaat het met je?' probeerde ze nog een keer.

Nu zei hij niets meer, maar vertrok hij zijn gezicht tot een grimas en kneep zijn ogen dicht. Zijn schouders begonnen te schokken en Elin merkte dat hij huilde. Beschaamd keek ze naar de assistent achter Daniël, maar die hield zijn blik strak op het raam gericht.

Daniël huilde met lange uithalen en leek niet meer te kunnen stoppen. Na een paar tellen al stroomden de tranen voluit over zijn wangen op zijn shirt en broek. Uit zijn neus liep het snot in twee straaltjes over zijn kin. Hij haalde zijn neus op, maar dat hielp niet. Het huilen werd erger en hij begon nu ook op en neer te bewegen.

Elin zag een gebroken man met een overweldigend verdriet, maar ze voelde geen medelijden. Nul komma nul compassie, stelde ze vast. Was dat vreemd? Was ze een slecht mens om hier te zitten kijken naar haar voormalige geliefde, een zieke en verwarde man, zonder ook maar een arm naar hem uit te willen strekken, zijn hand te pakken of een vriendelijk woord te zeggen? Misschien, dacht ze. Maar ze kon het niet. Daniël bleef huilen, zijn wangen en kin nu drijfnat van tranen en snot. In plaats van medeleven voelde ze een sterke walging in zich opkomen. Was ze ooit bang geweest voor dit zielig hoopje mens? Had dit sneue schepsel haar opgesloten en de ergste pijn bezorgd die ze ooit gevoeld had? Ze werd kwaad en dat was ze niet eerder geweest. Al die tijd had ze zichzelf de schuld gegeven: haar fouten hadden Daniël aanleiding gegeven haar te straffen. Dat had hij haar ingeprent en dat had ze geloofd. Maar hier en nu, in deze kamer, tegenover de man die ze altijd op een voetstuk had geplaatst, veranderde er iets. Alsof haar ogen opengingen en ze voor het eerst zag wat zo overduidelijk was: zij had van hem gehouden en hij had haar mishandeld. Bizar, maar zo simpel was het. Waar haalde hij het lef vandaan? Wie dacht hij wel dat hij was? Moest je hem nu zien! Ze schoof haar stoel naar achteren en stond resoluut op. Het was geen goed idee geweest om hier te komen. Ze wilde niets meer van

Daniël, ze had niets meer van hem nodig. Geen excuses, geen uitleg, niets. Alleen maar hem nooit meer zien. Nooit meer. Ze stapte langs hem naar de deur en schrok zich wild toen ze Daniëls uitgestrekte vingers over haar pols voelde gaan.

'Niet weggaan, Elin! Niet weggaan!' smeekte hij.

Met een wild gebaar zwaaide ze haar hand omhoog en deinsde achteruit, maar bleef toen staan. Ze zou het hem zeggen ook. Ze wachtte tot haar ademhaling iets was gekalmeerd en zei toen met vlakke stem: 'Raak me niet aan. Raak me nooit meer aan. Hoor je me? Jij doet me niets meer.'

Daniël kromp ineen en kermde als een geslagen hond. 'Het spijt me zo, Elin, het spijt me zo erg.'

'Dat is dan jammer. En je verdiende loon. Ik ga weg.' Ze opende de deur en liep de hal in. Ze moest zich inhouden om niet te rennen en concentreerde zich op het geluid van haar voetstappen. Toen ze bijna bij de voordeur was, galmde een rauwe kreet door de hal:

'ELIN!!! HOE KAN IK HET GOEDMAKEN?!!'

24

Stipt om elf uur klonk de deurbel. Op het schermpje van de intercom zag Elin haar moeder. Tiptop gekleed, naar de kapper geweest en vol in de make-up. Ze drukte op het knopje om de deur te openen en checkte zichzelf nog eens in de spiegel. Leuk jurkje, gepoetste laarzen en haar haren opgespeld. Keurig, vond ze zelf en ze liep naar de deur om haar moeder te verwelkomen. Pascalle was een half uur eerder al vertrokken voor een massage en een yogales, dus ze had het rijk alleen.

'Hallo, hallo, wat fijn om hier weer te zijn,' riep haar moeder al terwijl ze de laatste treden van de trap opklom. Lachend liep ze Elin tegemoet en gaf haar drie zoenen op haar wang. 'Dag schat, wat zie je er goed uit. Heb je je haar weer wat lichter geverfd?'

'Nee hoor. Hier, geef je jas maar aan mij.'

'Hang je 'm wel op een hangertje? Dank je wel. Ik loop alvast door, hoor. O, wat is het hier toch gezellig. En ik zie dat je weer wat dingen veranderd hebt sinds mijn laatste bezoek. Had je dat kastje al? Nee toch. En die vaas, wat een prachtige bloemen! Ze staan ook zo mooi in de vensterbank met die zon erop. Het is toch lekker weer! We boffen maar, hè? Ik heb van de week nog in de tuin gewerkt, het was gewoon warm! Dat mag van mij nog wel even duren zo. Heb je koffie? Daar heb ik zin in, het was toch best weer een eind rijden. Heb je al gezet of zal ik het even doen? Zo gedaan hoor. Drinken we even een kopje en dan gaan we naar een lekkere lunchroom. Ik trakteer, dat vind ik leuk.' Ze ging op de bank zitten en klopte met haar hand naast zich. 'Kom zitten, meisje, en vertel eens hoe het gaat. Je bent zo stil!'

Elin glimlachte. Ze vond het leuk haar moeder weer te zien en ze wilde best gaan lunchen, maar ze wist ook dat ze die avond met hoofdpijn in haar bed zou liggen. Toen ze Daniël was ontvlucht en tijdelijk bij haar moeder was ingetrokken, werd ze haast gek van de spraakwaterval die haar dagelijks overspoelde. Op zoek naar rust was ze meer dan eens naar buiten geglipt voor een lange wandeling. Maar dat zat er vandaag niet in.

'Het gaat goed hoor, mam. Ik heb het hier zo naar mijn zin.'

'Ja? Nou dat is toch geweldig? En op je werk?'

'Daar gaat het ook goed. En had ik je al verteld dat ik de hoofdrol speel in een toneelstuk?'

'Toe maar. Wie had dat een half jaar geleden nou gedacht? Toen zat je toch flink in de penarie, hè meisje? Heb je nog wat van Daniël gehoord, of van zijn ouders?'

'Nee,' loog Elin. De laatste ontmoeting met haar ex, drie dagen eerder, had onafgebroken door haar hoofd gespookt. Het beeld van de ontroostbare Daniël had haar niet losgelaten, maar had wel de plaats ingenomen van de maniakale Daniël. En daar was ze blij om. Haar angst verdween langzaam en daarmee viel een grote last van haar schouders. Ze voelde zich letterlijk lichter dan voor haar bezoek aan de kliniek. Bovendien sliep ze al drie nachten zonder pillen en dat stemde helemaal positief. Maar ze zou het die dag met haar moeder niet over Daniël hebben, dat was niet nodig. Ze had afscheid genomen en kon een punt gaan zetten achter het hele drama. Daarmee had ze exact bereikt wat ze voor ogen had toen ze Jonathan vroeg wat hij van het idee vond Daniël nog eens op te zoeken. Dat het bezoek anders was verlopen dan ze verwacht had, deed daar niets aan af. Het boek was dicht. En aan de opluchting die dat met zich meebracht, kon ze zeker wennen.

'En dan nog iets...' Haar moeder keek opeens nerveus. 'Ik wilde er eigenlijk tijdens de lunch pas over beginnen, maar laat ik het nu maar doen.' Ze pakte een zakdoek uit haar tas en streek ermee langs haar neus.

'Ik ben naar de dokter geweest omdat ik de laatste tijd zo vaak duizelig werd. Echt heel akelig. En nu hebben ze mijn bloeddruk gemeten en die blijkt veel te hoog te zijn.' Ze snifte. 'Ik heb pillen gekregen, maar de dokter zegt ook dat ik het rustiger aan moet doen.'

'Oké,' zei Elin, 'dan moet je naar de dokter luisteren, mam. Dóé het rustiger aan. Je bent geen achttien meer.'

'Nee, dat weet ik ook wel. Maar de dokter vroeg wat ik allemaal deed in de week en toen kwamen we op papa... Je weet dat ik iedere zondag verse bloemen ga brengen, al bijna achttien jaar. Dan maak ik de steen schoon en vorige week heb ik bladeren geraapt. Maar om de een of andere reden heb ik het daar de laatste tijd zo zwaar mee. Ik word weer ontzettend emotioneel, net als in de beginjaren. Ik weet niet waar het vandaan komt, maar zondag ook, kwam ik helemaal over mijn toeren thuis. En nu zegt de dokter dat ik er maar niet meer naartoe moet gaan, tenminste niet zolang ik het er zo moeilijk mee heb. Maar dat kan toch niet, Elin? Dat graf moet toch onderhouden worden? En wat zou papa wel niet denken als er opeens niemand meer komt? Dat mag toch niet gebeuren? Nou, en toen dacht ik aan jou...' Ze keek Elin schuin aan en pakte haar hand. 'Wil jij niet een tijdje op zondag naar het graf om het te verzorgen? En neem je dan een bloemetje mee? Dat zou zo veel voor me betekenen. En voor papa ook.'

Elin slikte. In de achttien jaar dat haar vader dood was, had ze zijn graf misschien zes keer bezocht. Ze vond het vreselijk. Het kerkhof en het graf van haar vader herinnerde haar aan zijn ziekbed en zijn laatste weken, waarin hij zo veel pijn had geleden. Als haar moeder vroeg of ze met haar meeging naar het graf, had ze het bijna altijd af kunnen wimpelen. Ze herdacht haar vader liever op een vrolijker manier. Door te luisteren naar de muziek die hij zo mooi vond, van Elvis en Johnny Cash. Of door foto's te bekijken van de vakanties die ze samen hadden doorgebracht. Ze moest er niet aan denken om iedere zondag naar het kerkhof te gaan. De treinreis ernaartoe alleen al zou haar anderhalf uur kosten.

'Nou mam...'

'Het hoeft natuurlijk niet voor altijd,' ratelde haar moeder door. 'De dokter wil eerst kijken hoe de medicijnen aanslaan. Als ik die pillen slik en ik doe het echt rustiger aan, kan mijn bloeddruk over een maand of drie alweer in orde zijn. Als jij nou die drie maanden dat graf onderhoudt, is dat voor mij al zo'n zorg minder. Kunnen we daarna altijd nog zien hoe we het verder afspreken. Is dat goed, Elin? Doe jij dan die drie maanden?'

'Eh... nou... drie maanden zou misschien wel lukken...'

'O, wat vind ik dat fijn, schat!' Haar moeder trok haar naar zich toe en hield haar hoofd even tegen Elins wang. Daarna schoot ze overeind. 'Nu dan toch koffie! Jij ook lieverd?' En neuriënd liep ze de keuken in.

Die avond lag Elin, geheel volgens haar eigen voorspelling, met bonkende hoofdpijn in bed. Ze had verwacht dat die tegen het eind van de middag in zou zetten, maar eigenlijk was de pijn al begonnen toen ze voor haar moeders smeekbede was gezwicht. Ze was kwaad en kon het niet uitstaan dat ze zich weer eens had laten overhalen tot iets waar ze als een berg tegen opzag. Maar tegelijkertijd wilde ze de hoge bloeddruk van haar moeder niet op haar geweten hebben. Nu zat ze drie maanden lang vast aan een wekelijks grafbezoek. Ze vloekte hartgrondig en stopte haar hoofd onder haar kussen.

25

De weken verstreken in een rap tempo. De herfst had zijn intrede nu echt gedaan. Het regende bijna dagelijks en de wind gierde door de straten. Omdat het onmogelijk was in deze weersomstandigheden met een paraplu te fietsen, had Elin een regenpak aangeschaft. Dat stond ze net uit te trekken in het fietsenhok naast cultureel centrum De Oude Haven toen Elisabeth het hok in kwam rijden.

'Hoi Elin, wat een weer, hè?' zei ze en ze stapte van haar fiets af.

'Hoi, ja nou.'

Elisabeth tilde haar fiets in het rek en ging bij Elin staan. 'En wat sneu hè, voor Tristan. Weet jij hoe het nu verder gaat?'

Elin keek Elisabeth niet begrijpend aan. 'Wat bedoel je? Wat is er met Tristan?'

'O, heb je de mail niet gelezen? Ik kreeg 'm vanmiddag, ik denk jij ook wel. Tristan is finaal door zijn rug gegaan, de dokter vreest dat het een dubbele hernia is. Hij moet zeker acht weken plat liggen en hij mag niets doen. Hij zal er vanavond dus ook niet zijn. Ik vraag me af of hij überhaupt nog naar een repetitie kan komen.'

'Wat vervelend voor hem,' zei Elin. 'Misschien krijgen we een nieuwe regisseur? Ik hoop wel dat we door kunnen. Kom, dan gaan we naar binnen, misschien weten de anderen meer.'

In het repetitielokaal zaten hun zes medespelers in een kring op de grond. Sirpa voerde het woord. Toen Elin en Elisabeth binnenkwamen, hield ze even stil tot zij zich bij de groep hadden gevoegd. 'We hebben het net over Tristan,' zei ze. 'Het is waarschijnlijk dat hij ons niet meer kan regisseren. Ik heb vanmiddag met de cursusleiding gebeld en er is geen andere regisseur beschikbaar. Nu zou ik het zonde vinden om het stuk niet door te laten gaan, dus stel ik voor de regie over te nemen. Als jullie het goed vinden, natuurlijk.' Sirpa keek Elisabeth vragend aan.

'Dat is aardig van je,' zei deze. 'Ik vind het prima, maar wie speelt jouw rol dan?'

'Die speel ik nog steeds. Ik combineer het spelen met de regie, dat heb ik al eens eerder gedaan.' Sirpa wendde haar blik tot Elin. Die keek de kring rond. De gezichten van haar medespelers stonden neutraal. Enkelen knikten. Blijkbaar was het besluit al genomen. Zelf vond ze deze oplossing minder. Sirpa als regisseur riep meteen herinneringen op aan hun middelbareschooltijd, toen ze zich te vaak geërgerd had aan Sirpa's dominante aanwezigheid. Maar stoppen met het stuk wilde ze ook niet. Het moest dus maar. 'Oké.'

Sirpa sprong op en klapte in haar handen. 'Mooi, dan beginnen we meteen. Komen jullie allemaal staan? Ik heb een paar geweldige ideeën voor de openingsscène.'

26

'Au! Verdomme!' Elin pakte haar kleine teen vast en keek naar de schommelstoel waaraan ze zich zojuist hard had gestoten. Het was nog vroeg en donker. Ze kwam net uit bed en moest zich klaarmaken om naar haar werk te gaan.

'Wat doet die stoel hier?' riep ze naar Pascalle die nog op haar luchtbed lag in het kleine kamertje dat ze tot haar *casa* had gebombardeerd.

'Huh? Welke stoel?' Pascalle kwam in een lang t-shirt en met een verwarde haardos de keuken ingeslenterd. 'O, de schommelstoel, ja gaaf hè? Die zag ik gisteren bij die antiekzaak aan de Singel en ik kon hem niet laten staan. Heb ik altijd al willen hebben. Stel je voor: in de zomer lekker in een schommelstoel op de veranda.'

'Veranda? Ik heb geen veranda. En jij ook niet. Jij hebt niet eens een huis.'

Pascalle keek beteuterd, haalde haar schouders op, mompelde iets onverstaanbaars en liep weer terug naar haar bed.

Geërgerd schoof Elin de schommelstoel opzij. Eerst maar een kop koffie, dacht ze. En dan verzinnen hoe ik Pascalle hier weg krijg.

Ze was het zat. Pascalle was een goede vriendin, maar Elin miste het alleen te zijn in haar eigen huis. In een paar weken had Pascalle het appartement getransformeerd tot een kleurrijk studentenkot. Bij gebrek aan een deur voor het kleine kamertje, had ze een grote paarse lap stof opgehangen. In de bank in de woonkamer lagen opeens allerlei roze en oranje kussentjes met gouden borduursels. In de potgrond van de palmvaren staken wierookstokjes en overal stonden kaarsen. Op zich misschien niet eens zo gek, maar Elin hield er niet van. Te veel prullaria in huis gaf onrust. Als ze thuiskwam van een lange dag werken had ze behoefte aan rust. Daarbij had Pascalle een andere kijk op het fenomeen opruimen. Dat deed ze zelden. Met als gevolg dat de wasmand continu uitpuilde, het aanrecht vol stond met vieze kopjes en borden, en de tafel en vloer bezaaid waren met kranten en tijdschriften.

De eerste dagen had Elin er niets van gezegd. Ze wilde dat haar vriendin zich welkom voelde en rustig kon bijkomen van haar abrupte vertrek uit Parijs. Maar het leek of Pascalle Laurent volledig was vergeten. Ze had zich ingenesteld in Elins appartement en maakte totaal geen aanstalten weg te gaan. Dat kon zo niet langer, besloot Elin. Ze zou Pascalle vanavond zeggen dat ze een ander adres moest zoeken.

Toen ze een half uur later gedoucht en aangekleed de deur achter zich dichttrok, werd ze bijna omvergelopen door Rogier.

'O, sorry, Elin,' zei hij en hij snelde door naar de volgende trap. Elin rende met hem mee.

'Wat is er? Waarom heb je zo'n haast?'

'Fred is ziek, hij ligt stil in zijn hok en wil niets eten. Ik moet naar de dierenarts. Vragen of hij langs wil komen.' Hij sloeg de laatste treden over, sprong de hal in, trok de deur open en verdween naar buiten.

'Waarom bel je 'm niet gewoon?' vroeg Elin nog, maar Rogier hoorde haar al niet meer. Elin pakte haar fiets en bedacht dat ze na haar werk bij Rogier aan zou bellen om te vragen hoe het ging.

27

Maar Rogier en zijn leguaan waren die avond de laatste waaraan Elin dacht. Na maar liefst vier weken afwezigheid was John weer op kantoor verschenen, gebruind, vol bravoure en met een neus waaraan ogenschijnlijk niets meer mankeerde, en ze kon niet wachten dit aan Pascalle te vertellen. Ze had hard gefietst en hijgde nog na toen ze binnenkwam. Daar werd ze verrast door een heerlijke geur van gebraden vlees. Ze liep de kamer in en zag een feestelijk gedekte tafel, compleet met een grote bos bloemen en twee flessen rode wijn. In de keuken stond Pascalle voor het fornuis. 'Ha, ben je daar,' zei ze met een snelle blik over haar schouder. Ze oogde verhit, haar voorhoofd glom en haar haar viel in piekjes om haar gezicht. Ze draaide het gas laag, liep naar Elin en pakte plechtig haar beide handen vast.

'Ik heb gekookt om je te bedanken voor je enorme gastvrijheid. Het is hier zo fijn. Ik voel me echt thuis en dat komt door jou. Je bent een supervriendin!'

Elin moest lachen, maar bedacht met spijt dat dit dus niet het geschikte moment was om haar vriendin het huis uit te zetten.

Met zachte hand duwde Pascalle haar de keuken uit. 'Trek je jas uit, ga lekker zitten en neem vast een slokje, ik kom zo met de eerste gang.'

Het werd een gezellige avond. Pascalle had haar best gedaan. Vooraf serveerde ze een salade met eendenborstfilet; het hoofdgerecht bestond uit een kip die ze in de oven had gegrild, met een heerlijke wijnsaus en na was er kaneelijs met warme kersen en slagroom. Tijdens het eten had Elin een treffende imitatie gegeven van John die zogenaamd vier weken lang de ene na de andere chique lunch had genuttigd met de meest toonaangevende zakenlui in Italië en Zwitserland.

'Volgens mij heeft-ie gewoon vier weken onder zijn eigen zonnebank gelegen. Want zo bruin word je in deze tijd van het jaar niet, zelfs niet in Italië,' lachte Elin.

'En een bruin kleurtje camoufleert natuurlijk leuk zijn paarse neus,' gierde Pascalle, die niet veel meer wist van haar avontuurtje met John, maar van Elin alle details had meegekregen.

'Zo, hèhè... en nu lekker op de bank met een kop koffie, goed? Ik ruim de boel morgen wel op.' Volmaakt tevreden liet Pascalle zich op de bank zakken, haar voeten op tafel. Met gemengde gevoelens ging Elin naast haar zitten, ze keek maar niet naar het slagveld dat ooit haar nette keuken was.

28

'Nee Elin, dat is niet overtuigend. Doe het nog maar een keer en maak je nu eens kwaad.' Sirpa stond met haar handen in haar zij voor de groep. Sinds ze de regie op zich had genomen, had ze de wind er flink onder. Was er met Tristan nog tijd geweest voor een praatje vooraf of een geintje tussendoor, met Sirpa was daar geen sprake van. Ze eiste dat iedereen ruim op tijd verscheen en de volle drie uur van de repetitie zijn of haar volledige inzet gaf. En toegegeven, het resultaat mocht er zijn. Het verhaal stond als een huis en het spel werd met de week beter.

'Niet slecht voor een stelletje amateurs,' had Kees tijdens een van de vorige repetitieavonden uitgeroepen. Maar dat viel bij Sirpa niet in goede aarde.

'Zo moet je ons niet zien, Kees,' had ze gevlamd. 'Jullie hebben nog niet veel spelervaring, maar het script is top, de regie is goed en samen maken we er een geloofwaardig stuk van. We gaan straks knallen! Dat moet wel, want Tristan komt naar de première en hij neemt twee bevriende regisseurs mee met wie ik graag eens zou werken.'

Het was eind november. Ze hadden, met aftrek van de kerstvakantie, nog anderhalve maand de tijd om het stuk te perfectioneren. De laatste weken hadden ze de repetitieruimte steeds verder aangekleed met attributen. Als je nu de deur opende, leek het of je een skichalet betrad. Twee gigantische kunststof kerstbomen sierden de hoeken van het toneel. Er stonden ski's en stokken tegen de muur, er was een vloerkleed, een rek met snowboots, een kamerscherm, een tafel met vier stoelen, een mand haardhout en er hing zelfs een koekoeksklok aan de muur. De felle tl-buizen aan het plafond werden gedempt door een geel laken.

'Wat moet ik dan anders doen?' vroeg Elin. 'De tekst klopt en ik sta op de juiste plek.'

Sirpa klakte geïrriteerd met haar tong. 'Het is niet geloofwáárdig! En daar valt of staat alles mee. Je zegt je tekst wel, maar ik hoor gewoon dat je er niets van meent, dat je het niet voelt. Kruip nou eens in die rol! Medusa is een schitterende vrouw, ze is eraan gewend dat iedereen haar geweldig vindt. Maar in Athena treft ze haar meerdere. Zij pikt het niet dat Medusa zichzelf mooier vindt en wil haar doden. Stel je nu eens voor hoe dat is. Jij bent de mooiste, de beste, de top van de top en dan helpt iemand die droom aan diggelen. Hoe voel je je dan? Razend toch zeker? Laat dat zien!'

Elin knikte en deed alsof ze de aanwijzingen goed in zich opnam, maar liever zakte ze door de grond. Ze schaamde zich ten opzichte van de anderen dood voor Sirpa's uitval. Maar dat was het niet alleen. Vreemd genoeg voelde ze ook een plaatsvervangende schaamte voor Sirpa. Hoe bestond het dat die zo overtuigd was van haar eigen gelijk? Hoe kon ze zo tekeergaan en haar kwetsen, alleen maar om te laten zien wie er de baas was? Aan de gezichten van haar medespelers zag ze dat ook zij niet blij waren met Sirpa's tirannie, maar in opstand komen deed niemand.

'Oké, rustig maar, ik probeer het gewoon nog een keer,' zei ze sussend.

Zonder een woord nam Sirpa demonstratief plaats op haar stoel, haar armen over elkaar en een verbeten trek om haar mond. Precies zoals ze vroeger in de klas had gezeten. Uitdagend, afwachtend. Alsof ze zonder woorden zeggen wilde: Kom maar op, overtuig me, laat maar zien wat je in je mars hebt. En of je nu leraar was, klasgenoot of, zoals hier, medespeler, het maakte geen verschil. Op een bijzonder warme zomerdag had Sirpa de docent Nederlands, meneer Van Berghoven, een goeiige en wat nerveuze man, gevraagd of de ramen van het klaslokaal open mochten. Die vond dat niet goed omdat het voor veel andere leerlingen middagpauze was en hij het kabaal op het schoolplein niet de klas in wilde halen. Dat schoot Sirpa in het verkeerde keelgat. Uit protest begon ze langzaam maar zeker haar kleding uit te trekken. Eerst haar schoenen en het sjaaltje om haar hals, toen haar blouse en zelfs haar topje. Met steeds meer zweetdruppels op zijn voorhoofd had Van Berghoven gedaan alsof hij Sirpa's striptease niet opmerkte, maar toen ze uiteindelijk in haar bh in de klas zat, sommeerde hij haar met rood hoofd haar kleding onmiddellijk weer aan te trekken. Dat deed ze met tegenzin, maar het was duidelijk dat haar onvrede met de situatie nog niet was bekoeld. En Elin moest dat ontgelden. Van Berghoven nodigde Elin voor in de klas uit om haar boekbespreking te houden. Elin had zich voorbereid, maar voelde op haar klompen aan dat dit geen goed moment was om de aandacht op zich te vestigen: Sirpa was op oorlogspad en dan kon je beter niet te veel opvallen. Maar ze had geen keus. Schoorvoetend begon ze haar bespreking, maar al na een paar woorden raakte ze van haar a propos. Sirpa had een lippenstift uit haar tas gehaald en begon haar lippen te stiften. Met haar blik strak op Elin bewoog ze de rode stift over haar lippen, langzaam, van links naar rechts en terug. Elin probeerde zich te concentreren op het blaadje in haar hand, maar als ze opkeek zag ze Sirpa's priemende ogen en haar steeds rodere mond. De rest van de klas had het ook in de gaten en keek gefascineerd naar Sirpa, die na haar lippen ook het gebied rondom haar mond rood kleurde. Het zou clownesk zijn als de sfeer niet zo gespannen was. Niemand durfde te lachen, iedereen volgde stilzwijgend de strijd tussen Sirpa en Elin die nog steeds probeerde iets zinnigs over haar boek te vertellen. Van Berghoven stond achter in de klas en merkte niets van Sirpa's actie, maar raakte wel geïrriteerd door Elins gestotter. 'Heb je je niet voorbereid, Elin? Je wist toch dat je deze week aan de beurt was?' Toen ze niets zei, haalde hij zijn schouders op. 'Nou ja, zo heeft het ook geen zin, ga maar weer zitten, hier kan ik geen voldoende voor geven.' Met een laatste blik op Sirpa die haar nu negeerde en doodgemoedereerd het rood met een zakdoekje van haar gezicht haalde, was Elin naar haar plek gelopen. De knoop in haar maag voelde als een enorme ballon, maar ze was niet in staat daar uiting aan te geven. Ze wist niet hoe. En al had ze het wel geweten, dan had ze het niet gedurfd.

Alsof er in die ruim tien jaar helemaal niets was gebeurd, zat die knoop er weer. Niet meer in de klas, maar nu op het toneel. Haar klasgenoten hadden plaatsgemaakt voor haar medespelers, maar verder leek er weinig veranderd. Elin haalde diep adem en begon opnieuw aan haar tekst, ditmaal met luidere stem en heftige armgebaren. Na nog geen halve minuut kapte Sirpa haar af. 'Ja, stop maar, ik heb genoeg gezien. Laten we maar een andere scène nemen, want dit wordt niets. Ik verzin er nog wel iets op. Maurits, Pirette, we gaan door met jullie stuk.'

Teleurgesteld ging Elin zitten. Even voelde ze een hand op

haar schouder. Ze draaide om en keek in het meewarige gezicht van Elisabeth, die haar troostend een knipoog gaf.

Op weg naar huis kon Elin haar tranen niet bedwingen. Er was niets veranderd, niets! Ze voelde zich precies als op de middelbare school: een mak schaap dat door dominante figuren als Sirpa alle kanten op werd geschopt. En waarom? Ze deed toch niemand kwaad? Ze was superaardig en lief tegen iedereen en nooit te beroerd om iets voor een ander te doen. Ze wreef de tranen van haar wangen en schudde haar hoofd. Ze kon er gewoon niet bij. Niet dat Sirpa zo vriendelijk was tegen de rest, maar tegen haar stelde ze zich ronduit gemeen op. Ze zuchtte diep en hoorde ineens de stem van haar vader. 'Rustig maar kleintje, het komt wel weer goed'. Ze glimlachte door haar tranen heen. Dat zei hij altijd als ze zich als kind druk maakte om een ruzie op school, of later om zijn ziekte. Het komt wel weer goed, kleintje. Zelfs in zijn laatste weken bleef hij vertrouwen op herstel, maar dat kwam niet. Hij stierf in zijn bed in de woonkamer toen zij lag te slapen. De volgende dag was hij al weggebracht en toen ze beneden kwam trof ze een leeg bed. Ze was erin gaan liggen en had meteen begrepen dat ze hem nooit meer zou zien.

Voor de deur van haar berging stapte ze af om haar fiets weg te zetten. De gedachte aan haar vader voelde als een troost. 'Kop op Elin,' zei ze zacht, 'het komt wel weer goed.'

29

Begraafplaats Zuydewind leek uitgestorven. Het was nog vroeg. De parkeerplaats voor de ingang was leeg en op de paden of bij de graven was niemand te bekennen. Elin bibberde in haar winterjas en hield de bos bloemen die ze gisteren bij de kiosk in haar straat had gekocht, dicht tegen haar buik. Sinds de belofte aan haar moeder was ze hier elke zondagochtend te vinden. Ze nam de eerste trein, die van 7.30 uur, en was dan met een beetje geluk net voor de middag weer thuis. Op die manier kon ze 's middags tenminste nog wat ondernemen. Ook dit keer nam ze zich voor de bloemen op het graf te zetten en weer snel rechtsomkeert te maken.

Tijdens haar vorige bezoekjes waren er ook andere mensen geweest. Ze herinnerde zich een vrouw die op een klapstoeltje voor een graf zat te lezen. Blijkbaar had ze het stoeltje meegenomen. Het gaf een vredig beeld, maar toch maakte het Elin ongemakkelijk. Ze kon zich niet voorstellen dat iemand zich senang voelde tussen de honderden lijken die hier onder de grond lagen. Soms stelde ze zich voor dat de doden naar haar keken, haar volgden naar het graf van haar vader. Dat ze luisterden naar wat zij en de andere bezoekers te vertellen hadden, en boos werden als je te snel weer wegging.

Ze lette er goed op dat ze zo lang mogelijk op de paden bleef lopen. Bij de rij van haar vader moest ze langs acht graven.

Haar voeten zorgvuldig plaatsend om te voorkomen dat ze op een graf ging staan, zocht ze haar weg. Eenmaal aangekomen, plaatste ze de bloemen voor de steen. Ze legde haar hand er even op en voelde hoe koud de steen was. 'Hoi pap,' fluisterde ze, 'slaap maar lekker en maak je geen zorgen. Met mij gaat alles goed.' Toen draaide ze zich om en liep zo snel ze kon zonder op de andere graven te stappen, terug naar het pad. De man die daar stond zag ze net te laat. Met een gil sprong ze achteruit, haar handen beschermend voor haar borst. De man schrok ook en maakte een afwerend gebaar.

'Ho ho, rustig maar, niets aan de hand,' zei hij. Maar hij zag Elin twijfelen.

'Ik wilde je niet laten schrikken, excuus daarvoor. Mijn naam is Wim, ik ben een vriend van je moeder en ik wilde even met je praten. Kan dat?'

Elin bekeek de man eens goed. Hij was al wat ouder, had grijs haar, droeg een lange donkerblauwe mantel en een iets lichtere sjaal. Zijn blauwe ogen stonden vriendelijk en om zijn mondhoeken krulde langzaam een voorzichtige glimlach.

'Wim? Ik ken u niet.'

'Nee, dat klopt. Maar jij bent Elin, toch? Je moeder zei dat je op zondagochtend hier te vinden bent.'

'Ja... eh... u wilde wat van mij weten?'

'Ik zou graag even met je praten. Het gaat over je moeder. Mag ik je een kop koffie aanbieden in de uitspanning naast de ingang?'

Te nieuwsgierig om nee te zeggen, knikte Elin kort. Samen liepen ze naar de ingang. Uitspanning De Posthoorn zag er uitnodigend warm uit. Een kop koffie kon geen kwaad, bedacht Elin. Dan maar een trein later. Ze volgde Wim naar een tafeltje bij het raam en wachtte tot hij twee koffie had besteld. Toen keek ze hem vragend aan.

'Ja...' begon hij, zoekend naar woorden. 'Het voelt wat raar om hier met jou over te praten, maar het is zoals het is... ik ben de nieuwe partner van je moeder. We kennen elkaar nu ruim een jaar en zijn graag in elkaars gezelschap. Natuurlijk, we zijn al wat ouder. Je moeder heeft je vader verloren en mijn vrouw is drie jaar geleden overleden.' Hij keek Elin aan, maar toen ze niets zei, sprak hij verder: 'Alleen is maar alleen. Dat past mij niet, ik ben graag onder de mensen. En je moeder kreeg de laatste tijd ook meer behoefte aan gezelschap. Een gemeenschappelijke vriendin heeft ons aan elkaar voorgesteld en het klikte eigenlijk meteen.'

'Dat is mooi,' zei Elin en ze lachte toen Wim een zucht van verlichting slaakte. Terwijl hij uitgebreid zijn eerste ontmoeting met haar moeder beschreef, ging Elin een lichtje op. Haar moeder had het opeens zo moeilijk met de verzorging van het graf van haar vader, ze werd weer even emotioneel als in de tijd na papa's dood en ze wist niet waarom. Nou, daar had je geen doorgeleerde psycholoog voor nodig: haar moeder voelde zich overduidelijk schuldig nu ze een nieuwe partner had en wist zich geen houding te geven tegenover haar overleden man. En omdat zij een nieuwe vriend heeft, kan ik elke zondag naar het graf! Fraai is dat, dacht Elin. Verongelijkt dronk ze haar koffie en luisterde naar de zangerige stem van Wim. Een zachtaardige en goedlachse man, stelde ze vast, en het chagrijn dat even de kop had opgestoken, verdween weer.

'Nu vraag je je misschien af waarom ik je hier opzoek,' zei Wim. 'Dat heb ik gedaan omdat ik je iets wilde vragen zonder dat je moeder erbij is. Ze maakt zich soms zo druk dat ze er duizelig van wordt. Dat is niet goed voor haar bloeddruk. En nu dacht ik dat het veel zou schelen als jij weet van mijn bestaan. Dat durft ze zelf niet te vertellen, snap je? Ze denkt dat jij het verschrikkelijk zou vinden dat ze je vader als het ware heeft ingeruild. En ik hoef er niet mee aan te komen dat je vader al achttien jaar dood is en dat jij je moeder heus het geluk wel gunt. "Elin vindt het niets!" zegt ze steeds. Daarom ben ik hier. Om te vragen wat je ervan vindt. En als je het, zoals ik eigenlijk wel verwacht van zo'n vlotte dame als jij, als jij het ermee eens bent, wil je haar dat dan zeggen?' Hij staarde peinzend naar zijn gevouwen handen op tafel, alsof hij naging of hij alles gezegd had wat hij wilde zeggen. Langzaam wreef hij met zijn duim over zijn hand en ze besefte dat hij zenuwachtig was. Of het in ieder geval was geweest. In een opwelling pakte ze zijn hand.

'Wim, ik vind het lief dat je hiernaartoe bent gekomen en me dit verteld hebt. Natuurlijk is het prima dat mijn moeder een nieuwe vriend heeft. Eigenlijk vind ik dat ik daar maar weinig over te zeggen heb. Maar als ze mijn goedkeuring nodig heeft, dan geef ik die bij dezen. Ik zal haar ook nog bellen om dat te vertellen. Goed?'

Wim stond op, liep om de tafel heen en gaf haar twee zoenen op haar wang. 'Bedankt meid, daar maak je twee mensen heel gelukkig mee.' Terwijl hij terugliep zwaaide hij naar de ober voor nog twee koffie.

30

Het was koud. Met een muts op en handschoenen aan reed Elin naar De Oude Haven voor de laatste repetitieavond voor de kerstvakantie. Het was een feest om door de winkelstraten te fietsen. Twinkelende lichtjes aan strakgespannen draden en chique etalages vol winterse taferelen gaven de stad een knusse uitstraling. Op het marktplein was van tientallen kerstbomen een reusachtige boom gemaakt, die rondom werd uitgelicht door drie sterke schijnwerpers. Elin genoot van haar fietstocht en vond het bijna jammer toen ze bij De Oude Haven arriveerde. De hele dag had ze er al tegen opgezien Sirpa weer te ontmoeten. Hun aanvaring tijdens de vorige repetitieavond zat haar nog steeds dwars, maar ze had gisteren besloten dat ze zich niet zou laten kisten. Sirpa kon de pot op! Regisseur of niet, het was niet nodig zo de bitch uit te hangen. Ze zou zich niet langer als een klein kind laten behandelen. Bij nog een uitbrander zou ze rustig maar beslist stellen dat ze niet van zo'n toon gediend was en dat Sirpa het respect moest opbrengen normaal met haar te praten. Elin zuchtte nog eens diep, balde haar vuisten en ging naar binnen.

Foute boel. Hoe of wat wist ze niet, maar er was iets mis en goed ook. Alle spelers waren er al en stopten abrupt met praten toen ze Elin zagen. Elisabeth sloeg haar ogen neer, Pirette kreeg knalrode wangen en Kees toonde plots buitengewone belangstelling voor zijn nagelriemen. Elin stokte in de deuropening en voelde zich weer als op de hockeyvelden naast haar middelbare school: een buitenstaander die niet gekozen werd, iemand die niet mee mocht doen, iemand die er niet bij hoorde. Ze keek de groep rond, maar niemand beantwoordde haar blik. Langzaam liep ze naar binnen, langs Maurits, die het dichtst bij haar stond. Hij schokschouderde en keek verontschuldigend langs haar heen. Ze draaide zich om naar Dan die uitdrukkingsloos naar de vloer staarde, en Jikke die zenuwachtig begon te giechelen tot haar lach onverwacht hard door de stille ruimte klaterde.

'Elin, we hadden het net over je.'

Op de bovenste trede van een trap naast een van de kerstbomen stond Sirpa met een goudkleurige piek in haar handen. Minzaam glimlachend keek ze op Elin en de anderen neer. Toen iedereen naar haar opkeek, klom ze voorzichtig de trap af.

'Zullen we even gaan zitten, we hebben iets te bespreken.'

Als op commando ging de rest in een kring op de grond zitten. 'Elin?' Sirpa keek haar vragend aan en wees naar een open plaats in de kring. Elin ging zitten, haar hart bonsde in haar keel. Wat was er in godsnaam aan de hand? Ze voelde zich als een lammetje dat op het punt stond geslacht te worden. Ze had duizend vragen, maar hield haar lippen stijf op elkaar en gunde niemand het plezier van haar verwarring.

'Elin, om maar met de deur in huis te vallen: we hebben zojuist als groep besloten dat het beter is als ik de rol van Medusa van je overneem. Je hebt simpelweg te weinig ervaring om de hoofdrol te kunnen dragen. De vorige repetities was je spel niet best. Natuurlijk mag je bij ons blijven spelen, maar dan als Athena, toch ook een mooie rol maar wat minder veeleisend.

We denken allemaal dat dat beter bij je past.' Zelfvoldaan keek Sirpa Elin aan. Het was zo klaar als een klontje dat dit haar eigen idee was geweest, dat ze de anderen gevraagd had eerder te komen, dat ze weer eens haar mening had opgedrongen en dat niemand er iets tegen in had durven brengen. Dat deed je immers niet bij Sirpa Karstens.

Elin beefde van ingehouden frustratie. Als iemand haar hart uit haar lichaam had gerukt en het met twee handen stevig had uitgewrongen, had ze zich misschien beter gevoeld dan nu. Ze werd lijkbleek en voelde de tranen in haar ogen springen. Haar hoofdrol afpakken, een maand voor de première? Hoe gemeen, hoe ontzettend gemeen! Ze sprong op, wilde niet dat de anderen haar tranen zagen, rende naar de toiletten en knalde de deur achter zich dicht.

Wat een secreet! Wat een intens gemeen mens! Elin liep een paar keer radeloos heen en weer door de toiletruimte en wist net op tijd een van de wastafels te bereiken toen een golf van misselijkheid zich een weg naar buiten baande. Haar maag keerde zich om tot het laatste restje gal was uitgespuugd. Ze liet haar handen vollopen met ijskoud water en doopte haar gezicht erin. Na drie keer richtte ze zich op en zag ze haar gezicht in de spiegel. Haar ogen waren rood van de tranen, en de mascara droop over haar wangen naar haar kin. Achter zich zag ze de deur opengaan. Sirpa kwam binnen.

'Trek het je niet zo aan,' schamperde ze. 'Wees blij dat je nog mee mag doen.'

Elin zei niets, maar kon haar blik niet van Sirpa afhouden.

'Nou, kom je nog? We gaan gewoon repeteren, hoor. Als je Athena wilt spelen, moet je wel een paar nieuwe scènes doornemen.'

'Nee...' zei Elin, 'dat... kan ik nu niet... ik ga naar huis.'

'Naar huis,' herhaalde Sirpa spottend. 'Nou, dat is geweldig. Repeteren we wel met z'n zevenen. Als je in de vakantie de tekst van Athena maar goed uit je hoofd leert, anders red je het niet in januari.'

Elin wreef de uitgelopen make-up van haar wangen en draaide zich om. Ze wilde weg, naar huis, maar Sirpa hield haar tegen. Ze ging vlak voor Elin staan, bijna tegen haar aan. Elin voelde haar adem tegen haar gezicht en zag Sirpa's ogen, hautain en met zo veel minachting dat ze er bang van werd.

'Je hebt er wel een handje van hè, Elin van Driel, om jezelf te verstoppen in de wc?'

Met die zin werd alles anders. Op slag zat Elin weer in de schoolbanken, elf jaar eerder, tijdens het tweede uur Nederlands, op die donderdagochtend in april die ze nooit meer was vergeten. Ze had haar agenda de klas rond laten gaan, zoals wel vaker gedaan werd. Klasgenoten kregen dan de kans hun verjaardag te markeren of een grappig berichtje te schrijven. Toen ze die ochtend haar agenda terugkreeg, was er aan een van de pagina's een paperclip bevestigd. Nieuwsgierig opende ze het boekje. In kapitalen had iemand met een dikke zwarte stift geschreven: TIEN TIPS OM AF TE VALLEN, met daaronder op rij de tien suggesties, variërend van 'Eet eens een week niet' tot 'Loop naar de pomp en weer terug'. De vernedering die ze toen voelde had ze nooit met iemand gedeeld. Ze hield zich groot, forceerde een glimlach en keek de klas rond. Twee rijen verder zag ze Sirpa en haar buurvrouw, Hanneke, afwachtend omkijken. Toen ze zagen dat Elin hen had gespot, draaiden ze zich proestend om.

Aan het einde van de les had ze snel haar tas ingepakt en was ze naar het park gelopen. Alleen. Omdat ze het jaar daarvoor was blijven zitten, hadden haar vriendinnen een ander lesrooster en was ze in pauzes en tussenuren vaak op zichzelf aangewezen. Meestal was dat geen probleem, maar wat was ze die dag graag naar hen toe gegaan. Sirpa en Hanneke hadden gezien dat ze alleen liep en waren haar naar het park gevolgd. Elin deed alsof ze niets merkte en zette er stevig de pas in. Het bankje aan de vijver waar ze vaker even ging zitten, liep ze voorbij. Sirpa en Hanneke hielden net genoeg afstand om niet te kunnen worden verstaan, maar hun gesmoes en gelach maakte Elin zenuwachtig. Opgejaagd liep ze terug naar school, het overblijflokaal in, hopend op een bekend gezicht. Maar er was bijna niemand en de leerlingen die er zaten kende ze niet goed genoeg om zomaar bij aan te sluiten. Ze ging terug naar buiten met Sirpa en Hanneke nog steeds achter zich aan, en wist zich geen raad meer. Ze stevende af op een andere ingang van de school, met rechts de toiletten. Daar sloot ze zich op en kwam er anderhalf uur niet meer uit. Die anderhalf uur waren de eenzaamste in haar leven geweest. Maar dat was nog niet het ergste. De vernedering was compleet toen ze weer naar buiten liep en recht in het triomfantelijke smoelwerk van Sirpa keek, die daar al die tijd had staan wachten.

'Je kent me dus nog.'

'Natuurlijk, wat dacht jij dan? Ik ben niet dement. Ik herkende je meteen de eerste repetitie al, maar had geen zin dat te laten blijken. Waarom zou ik ook? Ik heb jou niets te vertellen.'

Elin schudde langzaam haar hoofd. Hoe miserabel ze zich ook voelde, een vraag die ze al die jaren niet had durven stellen, drong zich opnieuw op, sterker dan ooit, en moest gesteld worden.

'Waarom? Waarom heb jij zo'n hekel aan mij?'

'Waarom? Zal ik dat eens zeggen? Omdat je een slachtoffer bent. Omdat je geen pit hebt, geen peper in je reet. Je bent een slappe hap en daar hou ik niet van.' Ze grinnikte. 'Weet je, het was zo makkelijk om jou te pesten. Je liet het gewoon gebeuren, je reageerde amper, je verdedigde jezelf nooit! Daarom ging ik ermee door. Toen ik je hier zag ging ik ervan uit dat je inmiddels veranderd was. Maar nee hoor, nog steeds hetzelfde slachtoffer als vroeger. Bah!' Ze liep naar de deur en pakte de klink. 'Weet je wat jij moet doen? Zo'n cursus Assertiviteit, heb je misschien nog wat aan.' En weg was ze.

31

Hoe ze thuis was gekomen, kon ze zich later niet meer herinneren. Of ze nog iets tegen de anderen had gezegd, hoe ze naar huis was gefietst en de trap op geklommen, het was verdwenen in de kolkende massa van gedachten. Pas toen ze in haar eigen keuken stond, kwam ze een beetje bij zinnen. Ze zag dat ze haar jas nog aanhad, trok die uit en hing hem aan de kapstok. Ze pakte een briefje en een pen uit het laatje in de eettafel en schreef erop dat ze met hoofdpijn in bed lag en niet gestoord wilde worden. Met plakband bevestigde ze het aan de buitenkant van haar slaapkamerdeur. Toen liep ze naar de keuken, haalde een fles rode wijn uit het rek en een glas uit een keukenkastje. Daarmee sloot ze zich op in haar slaapkamer, waar ze op de rand van haar bed het glas vol schonk en in één keer leegdronk. Ze kokhalsde, schonk het glas nog eens vol en liet zich toen achterover op bed vallen. Dat ze een scheut wijn op haar dekbed morste kon haar niet schelen, ze merkte het amper.

Een slachtoffer. Ik ben een slachtoffer, had Sirpa gezegd. Geen pit, slappe hap. Was dat zo? Zo had ze zichzelf nooit gezien. Een net meisje, beschermd opgevoed, dat wel. Als enig kind in een warm gezin met een lieve vader en een goede moeder, misschien wat dominant, maar met de beste bedoelingen. Ze had op de basisschool altijd haar best gedaan, nog eens een voorleeswedstrijd gewonnen. Toen haar vader verloren, wat een grote klap was geweest. De eerste jaren van de middelbare school probleemloos doorgerold, de tweede helft last van Sirpa. Ze was een onzekere puber, maar welke puber was dat niet? Oké, misschien had ze een licht minderwaardigheidscomplex, maar softbal en Daniël hadden veel goedgemaakt. Het afscheid van Daniël was moeilijk, maar ze had zich gered. Het grafisch lyceum, veel lol met Pascalle, toen Daniël opnieuw tegengekomen. Baantje bij de krant. Rottijd met Daniël. Tijdelijk weer bij haar moeder ingetrokken, de sessies met Jonathan. En nu hier: de stap gemaakt naar een nieuw leven in een nieuwe stad. Dat laatste had ze zelfs behoorlijk stoer gevonden van zichzelf. Hoezo dan slappe hap?

Haar leven kwam die nacht wel tien keer voorbij. En hoe langer ze peinsde, hoe meer herinneringen bovendreven. Details die ze vergeten was of bewust had weggestopt. Haar vader op zijn sterfbed, het immense verdriet van haar moeder. De schaamte die ze voelde toen ze was blijven zitten, haar vriendinnen die ze uit het oog verloor. Haar schrik toen ze niet gekozen werd op het hockeyveld, haar angst om er niet bij te horen, het gevoel waardeloos te zijn. Sirpa, Daniël. En welke rol speelde Pascalle? Die van vriendin of die van parasiet? Ze woonde in een puinhoop omdat ze haar mond niet durfde open te trekken tegen haar beste vriendin. En John, nog niet zo lang in beeld maar wel de oorzaak van veel ergernissen. Had ze daar ooit iets van gezegd?

Tegen de ochtend vielen haar oogleden dicht en verzonk ze in een diepe slaap. Ze droomde dat ze voor een spiegel stond en zichzelf aanschouwde. Plots verscheen er een barst in het glas die zich razendsnel vertakte, tot de hele spiegel gebarsten was. Even zag ze zichzelf in honderden stukjes, recht, schuin, ondersteboven, gehalveerd, misvormd. En hoewel ze schrok van haar evenbeelden en haar lelijkheid in zo veel gradaties, ze bleef gefascineerd kijken. Er was geen geluid. In stilte liet haar gebroken spiegelbeeld zich zien. Zonder gêne maar met een nonchalante vanzelfsprekendheid, alsof het haar wilde zeggen dat het nooit anders was geweest. Alsof al die keren dat ze zichzelf in de spiegel had aanschouwd ze slechts een masker had gezien, een lege huls, en dat het beeld dat ze nu zag haar ware ik toonde. Toen vielen de stukjes een voor een op de grond en zag ze achter de gebarsten spiegel nog een spiegel. Ze keek erin, maar zag niets. Ze was onzichtbaar geworden.

Toen ze haar ogen opendeed, was het licht buiten. Ze stond op, sloot de gordijnen en kroop weer in bed. Onder het dekbed dit keer, want ze had het ijskoud. De wijnfles stond op de grond, nagenoeg leeg. Het glas op haar nachtkastje was nog half vol. Ze nam twee slokken en verbaasde zich erover dat ze geen hoofdpijn had. Integendeel: ze voelde zich ongewoon helder. Haar gepeins die nacht was niet voor niets geweest en had conclusies opgeleverd die haar leven voorgoed zouden veranderen. Sirpa had gelijk. Ze was een slachtoffer. Nu ze het zag, kon ze het niet langer negeren. Ze had haar leven passief geleefd. Het leven overkwam haar, ze speelde zelf amper een rol, anderen bepaalden haar levensloop. Eerst haar ouders, toen Sirpa en Daniël. En nu, een slechte relatie, veel therapie en een verhuizing later, liet ze zich nog steeds koeioneren. Het had Pascalle welgeteld één maaltijd gekost om haar te laten blijven, haar moeder hoefde maar te kicken en ze sprong al en tegen John had ze nog nooit nee durven zeggen. Als klap op de vuurpijl was Sirpa weer opgedoken om haar opnieuw de vernieling in te helpen. En het was nog bijna gelukt ook. Bijna. Niet helemaal. Want zonder het te beseffen, had Sirpa met haar opmerking in de toiletruimte iets in gang gezet wat niet meer te stoppen was. Iets onherroepelijks. Ze zou geen slachtoffer meer zijn, maar haar leven in eigen hand nemen. Koste wat het kost.

Ze stak haar hand in haar broekzak, haalde er een verkreukeld briefje uit en staarde naar de actiepunten die ze ergens gedurende de nacht had opgeschreven.

1. Pascalle het huis uit
2. geen grafbezoek meer
3. John de waarheid zeggen
4. Daniël terugpakken
5.

Punt vijf was nog leeg. Ze wist precies wat er moest staan, maar had het niet op durven schrijven. Ze rolde opzij en legde het briefje op haar nachtkastje, pakte de pen van de grond en noteerde het laatste actiepunt:

Sirpa moet dood.

32

'Elin?'

Ze schoot overeind. Ze was weer in slaap gevallen, maar een harde klop op haar deur had haar gewekt. 'Wat?'

'Er is telefoon voor je. Ene Wendy, of je vandaag nog naar je werk komt.'

Het was dinsdag, ze moest gewoon werken. Maar haar werk had die nacht zijn belang verloren. Ze had belangrijker zaken te doen. Vandaag gaf ze werken geen prioriteit.

'Nee, zeg maar dat ik niet kom. Ik meld me ziek,' riep ze naar Pascalle aan de andere kant van de deur.

'Oké. Zal ik dan meteen maar thee zetten?'

'Goed. Ik kom er zo aan.'

Ze stond op en schoof haar gordijnen opzij. Een waterig herfstzonnetje gaf de bladeren onder de bomen een warme gloed. Ze schoof het raam omhoog en snoof de frisse lucht diep in. Het was koud en ze kreeg kippenvel, haar armen zaten vol kleine bultjes. Ze trok een ochtendjas aan en liep naar de woonkamer. Daar zat Pascalle al klaar met twee koppen thee.

'Ben je echt ziek?' vroeg ze.

'Nee, maar vandaag blijf ik thuis. En misschien morgen ook wel. Ik heb me nog nooit ziek gemeld, dus dat kan best een keer.'

Ze ging zitten en keek haar vriendin aan. 'Pascalle, ik moet je wat zeggen. Vandaag is onze laatste dag samen in dit huis. Ik wil dat je een ander adres zoekt, want ik wil weer alleen zijn.'

Pascalle keek haar met grote ogen aan. 'O...'

'Het was prima om je op te vangen toen je uit Parijs kwam, maar nu je weer bent hersteld, moet je maar weer op je eigen benen gaan staan, vind je ook niet?' De woorden rolden als vanzelf uit haar mond, alsof ze geoefend had wat ze wilde zeggen. Maar dat was niet zo.

Pascalle zette haar kop thee op tafel. 'Weet je, Elin, je hebt helemaal gelijk,' zei ze. 'Ik ben eigenlijk veel langer gebleven dan ik van plan was. Maar het was hier ook zo fijn, dat ik niet meer verder gekeken heb.' Ze stond op. 'Ik ga vandaag meteen pakken.'

'Waar ga je dan heen?'

'Naar Parijs natuurlijk,' zei ze alsof dat vanzelfsprekend was.

'Naar Parijs? Naar Laurent bedoel je?'

'Ja, hij heeft al een paar keer gebeld en vraagt me steeds terug. Hij heeft die Chantal, dat is die vrouw waar hij zo wild van was, aan de kant gezet en wil weer met mij verder.'

'Dat heb je helemaal niet verteld!'

'Nee, ik wist ook niet of ik dat nou wel wilde. Eigenlijk heb ik Laurent geen seconde gemist. En dat wil wat zeggen, toch? Parijs heb ik gemist, vreselijk, maar Laurent, ach... Weet je, ik ga gewoon naar hem terug, dan ben ik lekker weer in Parijs. En dan zie ik wel waar het schip strandt.' Ze liep naar haar slaapkamer. 'Ik ga douchen en dan pak ik in. Vanmiddag heb je het rijk weer alleen.'

Verbaasd over zo veel spontane voortvarendheid, zakte Elin achterover in de bank. Dat ging wel heel makkelijk. Had ze daar nu zo tegen aan lopen hikken? Die wekenlange ergernis over de troep in haar huis was dus totaal onnodig geweest. Belachelijk! Ze grinnikte en merkte ineens dat ze enorme trek had. Een gebakken ei met spek zou er goed in gaan. Ze liep naar de keuken voor een stevig ontbijt en plaatste in gedachten een vinkje achter punt 1 op haar actielijst.

33

Met veel kabaal, gelach, kussen en een zwaai nam Pascalle afscheid. Ze zou de trein naar Brussel pakken, daar op de Thalys stappen en in Parijs aanbellen bij Laurent. Elin had haar succes gewenst en stond nu met een kop thee voor haar raam. Ze had zojuist de kussentjes, kaarsjes, wierookstokjes en andere tierelantijnen die Pascalle had achtergelaten in een grote tas gestopt en in de kast bij de cv-ketel gezet. Rust. Nu pas merkte ze hoe ze de stilte had gemist, hoe ze haar huis had gemist. Alleen omdat ze een ander had willen helpen. Maar dat was voorbij. Het was nu tijd voor haarzelf.

Ze dronk de laatste slokken van haar thee toen ze door het raam een affiche zag op een van de reclamezuilen in de straat. Binnenkort zou er een reptielenshow in de stad neerstrijken. 'Rogier!' flitste het door haar hoofd. Ze was haar voornemen bij hem aan te bellen om te vragen hoe het met Fred ging, helemaal vergeten. Ze pakte haar sleutels, sloot de deur, liep snel de trap op en belde aan.

Rogier zag er slecht uit. Zijn gezicht was spierwit en rond zijn ogen tekenden zich donkere kringen af. Zijn haren plakten tegen zijn hoofd en Elin vermoedde dat hij zich al minstens een week niet had omgekleed. Zonder iets te zeggen liep hij de kamer in, de deur nog open. Elin volgde hem en sloot de deur. In de woonkamer stond een groot open terrarium, het deksel schuin tegen een van de wanden geplaatst. Op de bodem lag Fred, roerloos. Elin hield even haar adem in, maar een kleine beweging van zijn voorpootje maakte duidelijk dat er nog leven in het dier zat. Rogier was de keuken in gegaan en kwam terug met een flesje en een pipet. Die zette hij op de grond en met de grootste voorzichtigheid haalde hij Fred uit diens huis. Hij nam hem op schoot, stak zijn wijsvinger een klein stukje in de bek van het dier en voerde het met het pipetje.

'Is hij heel ziek?' vroeg Elin zacht.

Rogier knikte. 'Hij gaat dood. Het kan nog een paar dagen duren, maar er is niets meer aan te doen.' In zijn ogen blonken tranen.

Elin strekte haar hand uit en aaide Fred over zijn kop. 'Eet hij nog wat?'

'Niet veel. Hij mag om de twee uur een pipetje voeding met een beetje pijnstiller. Dat geef ik hem nu al dagen, dus ik ben stikmoe.' Hij zette Fred terug in het terrarium en klom in zijn hangmat. 'Sorry Elin, ik moet slapen,' zei hij en hij rolde zich op. Na een paar seconden hoorde ze aan zijn ademhaling dat hij sliep. Besluiteloos keek ze van Rogier naar Fred. Tja, dan maar weer naar huis. Maar in plaats daarvan liep ze naar de kamer die in haar eigen appartement de slaapkamer was. De eerste keer dat ze de hangmat in de woonkamer van Rogier had gezien, was haar nieuwsgierigheid al gewekt. Als Rogier woonde, at en sliep in de woonkamer, waar gebruikte hij die andere kamer dan voor? Ze wist dat het niet hoorde, maar ze kon zich niet bedwingen. Een kleine blik kon vast geen kwaad. Ze keek nog eens naar Rogier, maar die werd voorlopig niet wakker. Toen opende ze de deur.

Het was er aardedonker. Op de tast zocht ze naar de lichtschakelaar. Ze vond er geen. Vreemd. Die zitten in een appartementencomplex toch meestal op dezelfde plaats? Ze kneep haar ogen tot spleetjes en zag op een tafeltje naast de deur een aansteker liggen. Die knipte ze aan. Met het vlammetje vlak voor haar neus liep ze de kamer in. Tegen de wand stond een oud bureau met op het blad een aantal fotolijstjes. Ze hield het vlammetje voor de foto's en zag een gezin: vader, moeder en twee kleine jongetjes. Een van die jochies zal Rogier wel zijn, dacht ze. Dan heeft-ie dus een broertje. Op een volgende foto zag ze dezelfde vrouw nog eens, dichterbij. Ze was mooi, een klassieke schoonheid. Zou ze nog leven? Waarom kwam ze dan niet langs bij haar zoon? Voor zover Elin kon nagaan, kreeg Rogier nooit bezoek behalve die paar keren van haarzelf.

Toen viel haar oog op de vensterbank naast het bureau. In het flauwe schijnsel van de aansteker zag ze iets glimmen. Het bleek de zilveren lijst rond een groter portret, dat met de achterkant naar boven op de vensterbank was gelegd, onder een prop plakband. Ze kwam wat dichterbij en zag dat de ramen waren dichtgeplakt. Eerder had ze gedacht dat zware gordijnen het licht buiten hielden, maar blijkbaar werd het duister veroorzaakt door dikke stukken zwart karton die met tape tegen de raamkozijnen waren bevestigd. Waarom zou Rogier dat gedaan hebben, dacht ze terwijl ze het portret omdraaide. Haar mond werd droog. Op de foto poseerden dezelfde vier mensen. De ene jongen was inderdaad Rogier, ze herkende hem duidelijk. Lachend keek hij in de camera, zijn arm om de schouders van zijn broer geslagen. Hij was iets jonger dan nu, dus de foto zou een jaar of twee geleden gemaakt kunnen zijn. Achter de twee jongens stonden hun vader en moeder, maar hun gezichten kon ze niet zien. Iemand had er met rode verf twee kruisen geplaatst. Waarom? Wat zou er gebeurd zijn? Elin legde de foto weer op de vensterbank en draaide zich om. De andere wand leek bekleed met hout. Ze liep dichterbij, het vlammetje van de aansteker boven haar hoofd.

Op een stapel houten kratten stond nog een foto, de grootste tot nu toe. Het was een afbeelding in zwart-wit van Rogiers broer. Onder de foto stond: *Ferry Kuiper 23/06/1989-16/04/2009.*

God, wat sneu, dacht Elin. Rogiers broer was overleden. En om de een of andere reden heeft-ie ook nog ruzie met zijn ouders. Nu woont hij hier alleen. Nou ja, met Fred, maar die maakt het ook niet lang meer. Elin zuchtte en liep haar arm zakken. Het schijnsel van de aansteker viel op de kratten onder de foto. Het waren er negen, maar wat een vreemd formaat. Ze boog zich voorover en zag dat er aan elk krat een stukje papier was vastgemaakt. Er stond iets op. Ze zakte op haar knieën en hield het vlammetje bijna tegen een krat aan. *Flerck 2009*, las ze. En op dat daarnaast stond *Fritz 2009-2010*. Pas bij de derde krat begon haar iets te dagen: *Fizzy 2009-2010*. Ze sprong overeind en sloeg haar hand voor haar mond om niet te gillen. Dit waren geen kratten, dit waren kisten! Lijkkisten om precies te zijn, voor de leguanen die Fred waren voorgegaan. Zou Rogier die dode beesten echt hier bewaren? Dat kon toch niet?

Ze stapte weer wat dichterbij om te zien hoe de kisten waren dichtgemaakt en zag dat een van de deksels schuin lag. Tussen het deksel en de zijwand zat een kleine opening. Voorzichtig ging ze op haar tenen staan om in de kist te kijken, het vlammetje naast haar gezicht. Door de kier zag ze op de bodem een laagje witte watten liggen. Verder was de kist leeg. Ze hield de vlam voor het papiertje dat op de voorkant was geplakt en las: *Fred 2012*. Het dier was nog niet dood, maar zijn kist stond al klaar. Wat luguber! Ze merkte dat ze kippenvel kreeg en schrok zich een ongeluk toen ze Rogier in de woonkamer hoorde hoesten. Snel legde ze de aansteker terug op het tafeltje, maar het ding gleed door, viel over de rand en landde met een harde tik op de houten vloer. O nee! Een paar tellen bleef ze doodstil staan, maar uit de woonkamer kwam geen geluid. Dan zal Rogier vast niets gehoord hebben. Op haar tenen sloop ze naar de deur en opende die.

Het gezicht van Rogier, vlak achter de deur, was spierwit en stond op onweer. Hij zei niets, maar greep haar bij haar haren. 'Nee Rogier, sorry, ik was te nieuwsgierig, maar ik heb niets gedaan!' piepte Elin terwijl ze Rogiers hand van haar haren probeerde te trekken. Hij liet los en deed een pas achteruit, maar zei nog steeds niets. Hij blokkeerde de enige uitweg uit de donkere kamer. En ineens prikkelde de scherpe geur van kruidnagelthee de binnenkant van haar neus. Ze was weer terug in de donkere provisiekast en Daniël stond op het punt haar urenlang op te sluiten. Dat liet ze niet weer gebeuren, ze schreeuwde en stortte zich met haar volle gewicht op Rogier die zijn evenwicht verloor en viel. Elin viel ook, maar het lukt haar snel op te staan en door de openstaande deur naar de hal te rennen. Ze greep de klink van de voordeur en drukte hem naar beneden. Tot haar afgrijzen was de deur op slot. De paniek die ze voelde bereikte een hoogtepunt. Ze gilde en sloeg woest om zich heen. Totdat ze vanuit de verte een stem hoorde die haar naam riep.

'Elin, rustig nou, ik doe niks. Elin, Elin!'

Ze opende haar ogen en zag dat niet Daniël, maar Rogier een paar meter van haar af stond. Met grote ogen van schrik staarde hij haar aan. 'Ik doe niks, Elin, sorry dat ik je vastpakte, maar ik dacht heel even dat je mijn dieren mee wilde nemen en dat vond ik echt heel erg. Je hoeft niet zo bang te zijn, ik zou jou toch nooit iets doen?'

Elin stond nog steeds met haar rug tegen de voordeur en voelde haar handen trillen. Heel langzaam bedaarde ze wat. Het is Rogier, zei ze tegen zichzelf. Rogier sluit me niet op. Hij houdt er alleen een bizarre hobby op na. Ze haalde diep adem en voelde de spanning uit haar lijf vloeien. 'Oké,' zei ze voorzichtig, 'maar dan moet je wel uitleggen wat die lijkkisten daar doen. Daar zitten toch niet echt al die dode leguanen in, hè? En hoe zijn die beesten eigenlijk gestorven, Rogier? Zeg alsjeblieft dat jij daar niks mee te maken had.'

Rogier zweeg, ze zag dat hij nadacht. Toen wenkte hij haar de woonkamer in, maar daar voelde ze niets voor. 'Nee, zeg het hier maar. En ik zou het ook fijn vinden als je de voordeur van het slot haalt.'

Hij knikte en verdween om na een paar tellen terug te komen met de sleutel. Hij draaide de voordeur open, stak de sleutel in zijn zak en ging in de hal op de grond zitten. Elin volgde zijn voorbeeld. Na een paar stille minuten stak Rogier van wal.

'Mijn broer Ferry is ermee begonnen. Hij had vier kleintjes, twee koppels in twee glazen bakken. Onze moeder vond het eigenlijk niets, ze vond leguanen eng. Maar van papa mocht het en dus kwamen ze in huis. Nu weet ik dat we ons niet voldoende hadden voorbereid. Leguanen vragen een hoop verzorging en je kunt ze ook niet zomaar bij elkaar in een bak zetten. De eerste twee, Fik en Fonkel, vochten elkaar de keet uit. Ze zijn al heel snel overleden aan de bijtwonden die ze elkaar toebrachten. Het andere paartje kon wel goed met elkaar overweg, maar ik vrees dat dat van de stress is doodgegaan. Jonge leguanen kunnen er helemaal niet tegen als je ze steeds uit hun huis haalt en continu aanraakt. Je kunt ze tam maken, maar dat kost veel tijd en dat hadden we toen helemaal niet in de gaten. Die eerste vier zijn we dus redelijk snel kwijtgeraakt. Ferry was er kapot van en wilde er weer een, geen koppel meer, maar gewoon één. Van onze moeder moest-ie zich veel beter voorbereiden. Dat deden we samen. Ik denk dat we alle boeken over leguanen die in de bieb stonden hebben gelezen. Maar de dag voordat we een nieuwe leguaan mochten kopen, ging Ferry dood. Aangereden door een vrachtwagen. De chauffeur zegt dat de scooter van Ferry in zijn dode hoek zat en dat-ie 'm nooit heeft gezien. Hij was op slag dood, we denken dat-ie geen pijn heeft gehad.'

Rogier sloeg zijn ogen neer. Toen hij weer opkeek, leek hij mijlenver weg. 'Een week na Ferry's dood heb ik Flerck gekocht. Ik wilde onze hobby voortzetten. En net als Ferry altijd deed, gaf ik het dier een naam met een F. Met Flerck ging het best goed, maar ik hield het thuis niet meer uit. Die sfeer van verdriet was niet te harden, ik moest weg. Mijn vader heeft dit appartement voor me gekocht, maar daarna heb ik mijn ouders niet meer gezien. Ik heb gezegd dat ik wel weer contact opneem als ik daaraan toe ben.'

Opeens keek hij Elin aan. 'Dat vind je vast heel slecht van mij? Dat ik uit huis ben gegaan terwijl ze net al een zoon hadden verloren.'

Elin schraapte haar keel, dacht even na en schudde toen haar hoofd. 'Nee, het is verschrikkelijk om iemand te verliezen, daar weet ik alles van. Mijn vader is gestorven toen ik nog jong was. Ik was te klein om het huis uit te gaan, maar ik herinner me ook die sfeer van rouw die nog heel lang in huis bleef hangen. Beklemmend. Ik vind het niet gek dat je daaraan wilde ontsnappen.'

Rogier had aandachtig naar haar geluisterd en knikte opgelucht toen ze hem aankeek. 'Ja, beklemmend, dat was het precies. Daar heb ik hier gelukkig geen last van. In dit appartement is Ferry's dood niet de hele tijd aanwezig. Ik kan aan hem denken wanneer ik dat wil. En ik kan mijn dieren bij me houden, ook al zijn ze dood, ik kan ze gewoon niet wegdoen, Elin, dat kan ik niet.'

'En Flerck?' vroeg Elin, 'hoe is het met hem afgelopen?'

'Ja, dat was nogal stom... die is tijdens de verhuizing met terrarium en al van de aanhangwagen gevallen.' Gehaast praatte hij verder, alsof hij de rode kleur op zijn wangen met woorden wilde verhullen. 'Daarna nam ik toch weer een koppel, Fritz en Fizzy. Dat waren de eerste dieren die ik had die last kregen van rachitis, een vorm van botontkalking waaraan leguanen kunnen sterven. Een tekort aan vitamine D is dan eigenlijk de boosdoener. Dat kun je voorkomen als je de juiste sterke lampen boven een terrarium hangt. Die heb ik voor Figaro dan ook meteen aangeschaft. Maar je kunt een ziekte niet altijd voor zijn, dat blijkt wel: Fred heeft nu ook rachitis.' Bij de gedachte aan Fred sprong Rogier op. 'Ik moet weer naar binnen, Elin. Sorry dat ik je heb laten schrikken.' Hij keek haar onzeker aan. 'Eh... is het nu weer goed?'

Elin schonk hem een glimlach. 'Het is goed, Rogier. Fijn dat je me je verhaal hebt verteld. En sterkte met Fred.'

34

De volgende dagen bleef ze thuis en dat beviel haar prima. Ze had Wendy gebeld en verteld dat ze de hele week zou uitzieken, daarna zou ze wel zien of ze weer zin had om te gaan werken. Voorlopig vermaakte ze zich met een stapel tijdschriften en een aantal boeken die al weken op haar lagen te wachten. Wisselgeld, noemde ze haar vrije week. Vanaf dag één had ze zich een slag in de rondte gewerkt. In haar eentje had ze de studio draaiende gehouden, zonder hulp van die extra collega die al maanden geleden aangenomen zou worden. En hoe vaak had ze niet overgewerkt? 's Avonds en in het weekend? Daar konden best een paar daagjes 'ziek' tegenover staan. Zelfs toen John belde, had ze zich niet van haar stuk laten brengen. Hij begon aardig en belangstellend, maar toen hij doorkreeg dat ze die week niet meer zou komen, veranderde zijn toon. Boos had hij erop gewezen dat de studio onbemand was en dat zij hem niet kon laten stikken. 'John, er is geen reden om zo boos te reageren,' had ze gezegd. 'Ik ben ziek, dus ik kom niet. Misschien kun je via het uitzendbureau iemand inschakelen?' En hoewel ze het er warm van had gekregen, gaf ze zichzelf een schouderklopje toen het gesprek was beëindigd. Ze was niet gezwicht, ze had zich niet laten ompraten, maar had voet bij stuk gehouden.

Geïnspireerd door haar eigen kracht had ze na Johns telefoontje haar moeder gebeld. Die begon direct een monoloog over haarzelf en Wim, en hoe fijn ze het vond dat Elin hun relatie had goedgekeurd. Halverwege kapte Elin haar af, iets wat ze bijna nooit had gedaan. Dat viel haar moeder ook op; ze was gelijk stil.

'Mam, luister nu eens naar mij.'

'O... ja...? Er is toch niets, schat?'

'Ik wil iets zeggen en jij moet even alleen maar luisteren. Ik vind het vreselijk om naar het graf van papa te gaan. Het maakt me heel verdrietig en dat wil ik niet. Bovendien kost het me een berg tijd. Daarom doe ik het niet meer. Ik ga niet meer elke zondag naar zijn graf om het te verzorgen. Ik denk ook echt niet dat het nodig is om daar iedere week te zijn. Het ziet er prima uit, en als je wilt dat iemand de plantjes bijhoudt en de bladeren raapt dan kun je daar ook de begraafplaats voor betalen. Zij hebben daar mensen voor. Papa verlangt heus niet van ons dat we jarenlang iedere week naar zijn graf toe komen. Hij zou het juist toejuichen dat we doorgaan met ons eigen leven. Jij dus ook, met Wim.'

Het bleef lang stil aan de andere kant van de lijn. Elin kon zich niet herinneren zich ooit zo stellig tegen haar moeder te hebben geuit. Ze wilde al bijna vragen of haar moeder er nog was, toen ze een zacht gesnik hoorde.

'Dat kan allemaal wel zo zijn,' snotterde haar moeder, 'natuurlijk kan ik wel iemand van de begraafplaats betalen, maar die heeft papa toch niet gekend?'

'Dat geeft toch niets?'

'Dat geeft wel!' reageerde haar moeder fel. 'Wat is het nou voor moeite om op zondag even een bloemetje te brengen? Ben je daar nu zo veel tijd mee kwijt? Maar goed hoor, als jij dat niet voor je vader over hebt, dan doe ik het toch zelf. Dan neem ik mijn hoge bloeddruk wel op de koop toe.'

'Mam, dat hoef je echt niet zelf te doen. Vraag het dan aan tante Ans. Die heeft papa ook gekend en die woont veel dichter bij Zuydewind dan ik.'

'Denk je dat ik daar niet aan gedacht heb? Maar Ans zit ook met haar gezondheid, dat kan ik echt niet vragen. Van mijn eigen dochter had ik wel verwacht dat ze een tijdje bij zou springen. Maar goed, je hebt je duidelijk gemaakt. Jij doet het niet meer. En dat valt me behoorlijk van je tegen, Elin.'

Een uur lang had ze met gebalde vuisten rondjes gelopen door haar appartement. Toen was ze naar buiten gegaan, had haar fiets gepakt en was lukraak naar het kanaal gereden. Starend over het water kwam ze wat tot rust. Haar moeders reactie was niet fair, dat zag ze helder. Maar het was wel haar moeder, de vrouw die ze haar hele leven had gehoorzaamd. En de vrouw wier goedkeuring ze altijd erg op prijs had gesteld. Dat haar moeder het nu niet eens was met een van haar beslissingen, vond ze moeilijk. Meer dan moeilijk. Een tijd geleden zou ze zonder meer hebben toegegeven. Zou ze haar excuses hebben aangeboden en gezegd dat ze het graf graag zou verzorgen zolang als dat nodig was. Maar dat ging nu niet gebeuren. Die tijd was voorbij. 'Het heft in eigen handen,' zei ze hardop tegen zichzelf. Bezwaard maar vastberaden was ze teruggefietst. Het tweede vinkje op haar actielijst voelde uiteindelijk toch als een kleine triomf.

35

De jaarwisseling liet ze geruisloos aan zich voorbijgaan, ze had geen zin in feest. Op oudejaarsavond lag ze al voor twaalf uur in bed. Ze had naar de conference op tv gekeken en zich te goed gedaan aan een paar oliebollen en een appelbeignet, en lag nu met een voldaan gevoel onder haar dekbed. Het was een heftig jaar geweest. Haar tijd met Daniël leek eeuwen geleden, maar begin dit jaar woonden ze nog in hetzelfde huis. Onwerkelijk. In mei was ze aan hem ontsnapt om de zomermaanden bij haar moeder door te brengen, en op de bank bij Jonathan. En nu woonde ze al bijna vier maanden in haar nieuwe huis. De tijd was omgevlogen.

Opeens klonk buiten luid geknal. Door een kier van haar gordijnen zag ze de hemel oplichten. Vuurwerk, het was twaalf uur geweest, het nieuwe jaar was begonnen. Een jaar dat minstens even intens zou worden. Ze voelde een aangename spanning in haar buik en een tinteling in haar handen. Laat maar komen dat nieuwe jaar, dacht ze strijdlustig. Ik kan het aan, nee, ik pak het aan met alles wat ik in me heb. De tijd van de lieve passieve Elin is voorbij. Te opgewonden om te blijven liggen, liep ze naar het raam en schoof ze het gordijn helemaal opzij. Rode, paarse en groene fonteinen van vuur sierden de zwarte hemel. Ze had vaker zo gestaan. Omhoog kijkend naar vuurwerk, een glas champagne in haar hand en haar hoofd vol goede voornemens. Maar sporten en afvallen kwamen dit jaar niet op haar lijstje voor. Dit keer was haar lijst niet gevuld met deprimerende voornemens, maar met acties die haar leven een flinke duw zouden geven. Een duw naar een onbekend voorland, waar ze hoe dan ook zelf de controle over haar leven zou houden. Ze besefte dat haar actielijst niet alleen een opsomming van opdrachten was, de lijst stond symbool voor een wende in haar leven, een transitie naar een ander bestaan. De eerste twee opdrachten had ze glorieus volbracht en dat stemde haar trots. Tegelijkertijd wist ze dat de moeilijkheidsgraad van de opdrachten toenam en steeds meer van haar nog prille krachten zou vergen. Pas als de volledige lijst was afgewerkt, had ze het bewijs geleverd. Dan kon ze haar verleden achterlaten en opnieuw beginnen.

Ze kreeg het koud en stapte weer in bed. Het was tijd om te slapen. Morgen begon de eerste dag van de rest van haar leven. Ze krulde zich op en viel in slaap.

36

Op nieuwjaarsdag lag ze languit op de bank, verdiept in een interview met Oprah Winfrey, toen de bel ging. Op het schermpje zag ze Carolijn met een bos bloemen voor haar deur staan. Wat leuk! Ze opende de deur via de intercom en liep haar collega tegemoet.
 'Hoi, wat lief dat je langskomt!'
 'Hé, ja dat hoort erbij toch? Op ziekenbezoek bij een collega? Maar zo te zien ben je al aardig opgeknapt.' Carolijn gaf haar drie zoenen en duwde de bos bloemen in haar handen. 'En meteen de beste wensen voor het nieuwe jaar!'
 'Dank je, jij ook het allerbeste! En ja, ik voel me al een stuk beter. Maar ik heb gewoon eens een paar dagen de tijd genomen om goed bij te komen. Maandag ben ik er weer.'
 'Groot gelijk. Al zal John daar anders over denken.' Carolijn fronste haar wenkbrauwen.
 'Ja, dat zal wel,' zei Elin, maar toen twijfelde ze. 'Hij heeft je toch niet gestuurd?'
 'Nee joh, ben je gek?'
 'Nou ja, toen hij van de week belde, was hij op zijn zachtst gezegd niet blij dat ik de hele week thuis bleef.'
 'Nee, dat hebben we gemerkt. Hij loopt de hele week al te chagrijnen. En Wendy heeft het ook moeten ontgelden.'
 'Hoezo?'

'Haar contract is niet verlengd, ze hoeft na de kerstvakantie niet meer terug te komen.'

'Dat méén je niet? Hoezo?'

'Het is echt belachelijk. Wendy's contract liep bijna af en ze had er nog steeds niets over gehoord. Dus klopte ze vorige week bij John aan om dat te melden, in de verwachting dat ze ergens een handtekening moest zetten voor nog een jaar erbij of misschien wel voor onbepaalde tijd. Maar dat liep dus anders. John zei doodleuk dat het goed was dat ze hem eraan herinnerde want hij was toch al van plan geweest haar contract op te zeggen, het was er alleen nog niet van gekomen. Gelóóf je dat nou? Wendy in tranen, natuurlijk.'

'Jeetje, wat erg!'

'Ja, het is maar te hopen dat ze snel iets anders vindt.'

'Nou inderdaad. Wat een toestand.' Elin wees naar de bank. 'Ga zitten, wil je thee?'

'Ja, lekker.' Carolijn plofte op de bank neer. 'Maar er is meer aan de hand.' Veelbetekenend keek ze Elin aan.

'O ja? Wat dan?'

'Nou, ik ben toch eigenlijk altijd als eerste op kantoor? Meestal gooi ik de tent open. Maar deze week was John er steeds iets eerder. Telkens als ik binnenkom, staan alle ramen wijd open. En dan zegt John dat-ie graag een frisse start maakt. Da's behoorlijk vreemd, vind je niet? Nou denk ik dat-ie al een week op de zaak heeft geslapen, gewoon in zijn eigen kamer.'

'Nee joh, ga weg!'

'Het wordt nog gekker,' zei Carolijn. Ze genoot zichtbaar van haar verhaal. 'Gisteren heb ik in Johns kast gekeken toen hij naar een klant was. En weet je wat er lag? Een hele stapel overhemden, nog in het plastic. En een tasje met deodorant en scheerspullen. Toen wist ik het dus zeker. Hij slaapt daar gewoon! Ik denk dat het thuis hommeles is. Hij mag er niet meer in bij Sonja, hij zal wel iets geflikt hebben. Verbaast mij niets, jou wel? Meneer de praatjesmaker, ha!' Carolijn sloeg op haar knie van plezier.

In een flits zag Elin weer Johns gezicht toen ze samen naar Sirens reden. Ze was getroffen door de trieste blik in zijn ogen. Toen had ze gedacht dat geldzorgen de oorzaak waren, maar blijkbaar lag het anders. Hij en zijn vrouw hadden problemen en nu had ze hem het huis uit gezet. Wat had-ie uitgespookt? Weer iemand versierd in Bubbles? Iemand een pilletje gegeven en meegenomen naar de toiletten? Waarom? Hij had het toch goed voor elkaar? Leuke vrouw, drie kinderen, eigen bedrijf en een vlotte babbel. Maar blijkbaar was het niet genoeg. Hij zocht de spanning op, zoals bleek tijdens haar stapavond met Pascalle. Ze had nooit iemand verteld over Johns wangedrag in Bubbles en daar was ze nu blij om. In haar hoofd ontvouwde zich een plannetje waarmee ze John eens goed op zijn nummer kon zetten. Het was tijd dat iemand hem een lesje leerde.

37

Voor dat lesje was die maandag echter geen seconde tijd. John was er wel, maar rolde van de ene vergadering in de andere nieuwjaarsborrel en vertrok aan het einde van de middag met een klant naar een gerenommeerd restaurant voor een zakendiner. Elin werd bedolven onder een stapel opdrachten die de week ervoor al af had moeten zijn. Ze zette haar tanden erin en wist een groot deel ervan weg te werken. De confrontatie met John moest nog even wachten.

Met een lichte hoofdpijn van het computerstaren reed ze aan het begin van de avond naar huis. De hele dag was het haar gelukt niet aan die avond te denken, maar daar ontkwam ze nu niet meer aan. Ze moest repeteren, de eerste keer na de kerstvakantie, en dus zou ze Sirpa weer zien. Opnieuw was het Sirpa gelukt iets leuks in Elins leven te verminken tot iets waar ze liever van wegbleef. De vakken Engels en Frans op de middelbare school had Elin met plezier gevolgd tot Sirpa ze ging verstoren met haar dominante aanwezigheid. En sinds het voorval op de hockeyvelden had Elin zich meer dan eens afgemeld voor de gymles. De angst voor een streek van Sirpa en de schaamte om weer niet gekozen te worden, wogen zwaarder dan de lol die ze had in softbal en hockey. En nu, tien jaar later, had Sirpa haar opnieuw haar plezier ontnomen. In plaats van zich te verheugen op een lekker avondje toneel, zag ze er voortaan als een berg tegenop. En dat nam ze Sirpa bijzonder kwalijk. Maar het was geen reden om niet te gaan. Ze liet zich niet langer wegpesten door mevrouw Karstens, ook al zaten de andere spelers inmiddels volledig onder de plak.

Haar week 'ziek thuis' had Elin niet alleen benut om uit te rusten en bij te lezen. Ze had ook veel aan Sirpa gedacht. En aan punt vijf op haar actielijst. Het was nogal wat om iemand dood te wensen, dat besefte ze terdege. Sirpa was een vreselijk mens, maar wel een mens, van vlees en bloed. Wie was zij om een einde aan dat leven te maken? Dat had ze zich de hele week afgevraagd. En keer op keer had ze zichzelf geantwoord: ik ben Elin van Driel, ik ben minstens evenveel waard als ieder ander en ik ben geen slachtoffer meer. Sirpa ziet mij als een minderwaardig, inferieur schepsel. Ze voelt zich ver boven mij verheven en maakt me, bewust en weloverwogen, het leven zuur. De vraag is niet wie ik ben om haar te veroordelen. De vraag is: wie is zij om mij zo te behandelen? En hoe lang laat ik haar daar nog mee doorgaan?

Niet lang. Maar voorlopig zou ze zich gedeisd houden. Ze had meer tijd nodig. Om na te denken, om voorbereidingen te treffen en niet in de laatste plaats om moed te verzamelen. Ze voelde dat ze bij een breekpunt was aanbeland. Een periode van omslag, waarin zaken helder werden en waarin ze keuzes moest maken die bepalend waren voor de rest van haar leven. De opwinding die ze daarbij voelde maakte haar ook ongeduldig. Maar ze moest niets overhaasten, waarschuwde ze zichzelf. Het had geen zin nu fouten te maken en nog jaren op de blaren te moeten zitten. Bij binnenkomst in de repetitieruimte zei ze haar medespelers dan ook vriendelijk gedag. Aan het ietwat overdreven enthousiasme waarmee de anderen haar teruggroetten, was merkbaar dat ze iets anders hadden verwacht.

Elisabeth kwam naar haar toe met een bekertje koffie.

'Hier Elin, word je warm van. Hoe gaat het? Ik heb zo veel aan je gedacht, de afgelopen weken.'

'Dank je, het gaat goed, hoor,' zei Elin en ze nam de koffie dankbaar aan.

'Ik voel me erg vervelend over onze vorige repetitie, Sirpa zei het zo recht voor z'n raap. Vind je het wel oké om een andere rol te spelen?'

Elin glimlachte. 'Het was geen leuke boodschap, maar ik ben eroverheen gestapt en heb de tekst van Athena goed in mijn hoofd. Maak je maar niet druk, alles komt goed.'

Samen dronken ze hun koffie, tot Sirpa met een luide knal de deur dichtsmeet en daarmee haar entree aankondigde.

'Hallo allemaal, ik ben er, we kunnen beginnen!' Met grote passen stevende ze op het podium af, schoof met één hand een stoel opzij en ging voor de groep staan. 'Ik wil vandaag een doorloop doen. Het complete stuk van begin tot eind, zodat we zien waar de gaten vallen en waar nog verbetering nodig is. Iedereen op zijn plek, graag. Als het goed gaat, houden we halverwege pauze.'

Elin keek naar Sirpa, klaar voor een sneer of een spottende blik. Maar die bleven uit. De hele avond keurde Sirpa haar geen blik waardig. Ook op Elins Athena kwam geen commentaar. Aan het eind van de avond zei ze dat ze niet ontevreden was en dat ze die week thuis zou werken aan de scènes die nog niet lekker liepen. Toen pakte ze haar jas en ging weg.

'Nou, onze regisseur is niet ontevreden, jongens, daar mogen we blij om zijn!' riep Kees uit.

'Ja, maar ik zal ook blij zijn als we klaar zijn,' zei Jikke die direct kleurde toen ze merkte dat de anderen haar verbaasd aankeken. 'Oeps, dat moet ik natuurlijk niet zo zeggen,' mompelde ze.

'Wat bedoel je dan?' vroeg Elisabeth.

Beteuterd keek Jikke haar aan. 'Nou ja, ik vind het leuk om toneel te spelen, en dit is een goed stuk. Maar... ja... de laatste weken gaat het er wel heel serieus aan toe. Kijk, ik ben geen professioneel acteur, dat weet ik ook wel. Ik ben hier voor mijn lol. Maar lol heb ik al een tijdje niet meer.' Ze maakte een verontschuldigend gebaar. 'Ja, sorry hoor. Ik maak het natuurlijk nog wel af. Maar ik denk dat ik het daarna even voor gezien houd, wat toneel betreft.'

'Eigenlijk voel ik het ook zo,' klonk de zachte stem van Pirette. 'Ik ben hier om te leren en ik begrijp best dat een regisseur af en toe streng moet zijn, maar de sfeer is de laatste weken erg benauwend. Ik krijg er migraine van.'

'Nou nou, dames, zo erg is het toch niet?' Kees leek oprecht verbaasd. 'Moet je kijken wat we met z'n allen in een paar weken hebben bereikt! Persoonlijk heb ik nog nooit in zo'n goed stuk gestaan. Het is toch geweldig om straks de première te spelen voor publiek? Mijn vrouw en kinderen komen kijken ik heb mijn halve kantoor uitgenodigd. Lachen toch?' Hij sloeg Pirette joviaal maar iets te hard op haar schouder. 'Kop op hoor, meissie, maak je niet druk! En trek je niet te veel aan van een opmerking hier of daar. Dat hoort er gewoon bij.'

Pirette wreef over haar schouder en glimlachte, maar Elin zag dat ze het niet met Kees eens was. Het deed haar goed dat twee van haar medespelers hun onvrede over Sirpa eindelijk uitspraken; al was het niet met zoveel woorden, Jikke en Pirette weten het gebrek aan spelplezier en de nare sfeer overduidelijk aan hun nieuwe regisseur. Mooi zo. Ze was dus niet langer de enige. Wacht maar, meiden, dacht ze, over een tijdje hebben jullie geen last meer van dat kreng. En ik ook niet.

38

Pas op donderdagmiddag kreeg ze haar kans. Ze had gewacht tot ze Rolf, een collega die meestal als laatste naar huis ging, de achterdeur hoorde sluiten. Door het raam van de studio zag ze hem wegfietsen. De anderen waren al vertrokken, alleen John zat nog in zijn kamer. Ze haalde een paar keer diep adem, liep naar zijn kamerdeur en klopte aan.

'Ja?' klonk het. Ze stapte binnen en wist niet wat ze zag. Het anders zo onberispelijke kantoor, modern ingericht met strakke zwarte meubelen en een bureau met een glazen blad, was een grote puinhoop. Verschillende kledingstukken puilden uit een grote weekendtas die midden in de kamer op de vloer stond, onder het bureau lagen zeker zes lege pizzadozen en het glazen bureaublad was niet meer te zien door de spullen die erop waren uitgestald: een toilettas, een scheerapparaat, cd's, een cadeaubox met gebonden stripboeken van Kuifje, een set golfballen, scheenbeschermers, drie stropdassen en een grote pot gezichtscrème van een duur merk. John keek even op en tikte toen weer verder op zijn toetsenbord. Elin vouwde haar armen over elkaar en wachtte tot ze zijn aandacht had. Het duurde een paar minuten voor John weer opkeek, haar houding zag en met een zucht zijn toetsenbord opzij schoof.

'Ga zitten,' zei hij en hij knikte naar de stoel tegenover hem.

Elin nam plaats en keek haar baas aan. Ze was zenuwachtig, maar deed haar uiterste best dat niet te laten merken. Haar plan was goed doordacht en moest nu ten uitvoer worden gebracht. Gewoon een kwestie van even door de zure appel bijten, hield ze zichzelf voor.

'Hoe gaat het?' begon ze.

'Uitstekend, dank je.'

'Dat zou je niet zeggen als je deze kamer ziet.'

John trok zijn wenkbrauwen op. Deze directheid was hij niet gewend en zeker niet van haar. Toen keek hij om zich heen.

'Tja, ik moet eens opruimen, daar heb ik nog geen tijd voor gehad.' Hij richtte zijn blik weer op Elin. 'Hoe gaat het met jou?'

'Toevallig dat je dát nu vraagt,' zei ze en ze ging even verzitten.

'O?'

'Ja, daar wilde ik het namelijk met je over hebben. Nu gaat het prima met mij, maar zoals je weet was ik een tijdje geleden ziek. Ik ben ruim een week thuis geweest en weet je waar dat aan lag?' Ze keek hem vragend aan.

'Nou?'

'Aan jou.'

'Aan mij?' Zijn verontwaardiging leek niet gespeeld.

'Ja John, aan jou. Ik bleef ruim een week thuis omdat ik helemaal strontziek werd van die stapels werk die ik hier al maanden aan het verstouwen ben. In mijn eentje, zonder de collega die me al tijdenlang beloofd is. Ik werk keihard, vaak ook 's avonds en in het weekend, en daar werd ik ziek van. Daarom zit ik hier. Om te vertellen dat ik dat niet meer doe. Dan weet je dat.'

John zakte achteruit in zijn stoel en zei niets. Ze wist niet zeker of dat kwam doordat hij af wilde wachten of ze nog meer op haar lever had, of doordat hij met stomheid geslagen was. Ze hoopte op dat laatste. Nu doorpakken, spoorde ze zichzelf aan.

'En dan nog iets. Mensen die hard werken, vinden het fijn om gewaardeerd te worden. Om van tijd tot tijd een complimentje te krijgen; soms in woorden, soms in middelen. Dat helpt, weet je? Dat zorgt ervoor dat je het volhoudt, dat je zelfs plezier in je werk kunt hebben en dat je de volgende keer misschien nog iets harder rent. Ik ben erachter gekomen dat dat concept jou vreemd is. Ik spreek hier puur namens mezelf, maar geloof mij als ik zeg dat ik niet de enige ben die dit zo voelt. Ik wil je vragen daar verandering in te brengen. Laat ons eens merken hoezeer je ons waardeert. Als je dat doet, tenminste, maar dat kan niet anders want zonder ons blijft deze tent niet draaien.'

Zo. Dat was eruit. Ze schoof wat terug in haar stoel en keek John afwachtend aan. Tijdens haar betoog had ze hem nauwlettend geobserveerd. Zijn verbazing was langzaam gegroeid en bij haar laatste woorden omgeslagen in boosheid. Hij had zijn ogen wat samengeknepen en loerde naar haar als een roofdier dat zich beraadt over de beste manier om zijn prooi aan te vallen. Ze zette zich schrap voor een stevige reactie.

'Ken jij Mieke van der Sloot en Karen Dupré?' Zijn stem was laag en hij had elk woord dat hij uitsprak nadrukkelijk beklemtoond. Elin dacht na. Waar wilde hij heen? Dit had ze niet verwacht. Het was belangrijk dat zij de controle over het gesprek hield, anders wist ze niet zeker of ze zich staande kon houden. Sterk blijven nu, sprak ze zichzelf toe. Niet buigen, gewoon antwoord geven.

'Nee. Wie zijn dat?'

'Dat zijn twee vormgevers die hier een tijdje geleden hebben gesolliciteerd. De ene vers van het grafisch lyceum en de andere met al jaren ervaring en op zoek naar een nieuwe werkplek. Beide prima kandidaten. Ik had ze makkelijk aan kunnen nemen. Maar dat heb ik niet gedaan. En zal ik jou eens vertellen waarom niet, Elin? Omdat jij hier al werkt.'

Met zijn hoofd een tikje schuin nam hij haar op. Ze volgde zijn ogen die van haar haren, via haar schouders naar haar borsten gleden. Daar bleef zijn blik even hangen en toen hij opkeek, zag ze dat zijn bruine ogen bijna zwart waren geworden.

'Ik ben hier de baas. Ik run dit bedrijf en dat doe ik zoals ik dat wil. Als jij het studiowerk in je eentje af kan, zou ik wel gek zijn om nog iemand een volledig salaris te betalen.' Hij stond op, liep om zijn bureau heen en ging vlak voor haar staan. 'En meisje, als jou dat niet bevalt, dan flikker je toch op? Ik heb zó iemand anders, ze staan voor me in de rij.'

Elin probeerde te slikken, maar voelde dat haar keel en mond kurkdroog waren. Het liefst rende ze nu hard weg, maar dat mocht niet, want ze was nog niet klaar. Ga staan, zei ze tegen zichzelf, laat hem niet op je neerkijken.

Ze stond op, schoof haar stoel met haar benen wat naar achteren en zette haar handen in haar zij. 'Ik denk dat ik voorlopig nog even blijf,' hoorde ze zichzelf zeggen. Het klonk aardig vastberaden. Mooi, nu volhouden. 'Ik heb gezegd wat ik wilde zeggen. Nu heb ik nog twee verzoeken. Verzoek één is een bonus voor ons allemaal, omdat we hard hebben gewerkt en daar mag best iets tegenover staan.' Ze hoorde hem snuiven, maar ze ging onverstoorbaar door. 'En verzoek twee is geld voor een teamuitje. Voor een kookworkshop, paintballen of bowlen. Het maakt niet uit wat, als we elkaar maar eens in een andere omgeving zien. Dat is goed voor de sfeer en het teamgevoel. En wees maar niet bang: jij hoeft niet mee als je niet wilt.'

John keek nu alsof hij iets rook wat te lang onder zijn schoen had gezeten. Zijn neus had hij opgetrokken en zijn lippen perste hij opeen tot een witte streep.

'Jouw toon bevalt me niet, meisje,' siste hij. 'Dit is de laatste keer dat jij zo tegen mij praat, anders ontsla ik je op staande voet.' Hij liep naar de deur en hield die open. 'Jij gaat nu naar huis en dan doen we net of dit gesprek nooit heeft plaatsgevonden. Voor de duidelijkheid: in teamuitjes geloof ik niet en een bonus kun je op je buik schrijven. Ik laat me de wet niet voorschrijven en zeker niet door jou.'

Haar stem klonk ijzig kalm. 'Jammer dat je zo reageert. Dan kan ik niet anders dan de foto's van jouw geflikflooi in Bubbles en die van je geschonden neus op Facebook zetten. Eens kijken hoeveel 'likes' je krijgt.'

De verandering in Johns gezicht was bijna komisch. Zijn ogen werden glazig, zijn huid spierwit en zijn mond zakte open. 'Welke foto's?' vroeg hij, een stuk bedeesder dan hij een minuut geleden nog had geklonken.

'O, gewoon wat foto's die ik met mijn telefoon heb gemaakt toen ik een tijdje geleden met mijn vriendinnen in Bubbels was. Jij was er ook, maar je zag me niet. Niet netjes hoor, om aangeschoten meisjes pilletjes te voeren en mee te nemen naar de toiletten. En dan nog handtastelijk worden, ook. Daar kunnen meisjes behoorlijk boos om worden. Maar dat was wel duidelijk, denk ik hè, toen ze in je neus beet? Dat moet pijnlijk zijn geweest.' Ze keek John vorsend aan. 'Wat vond Sonja er eigenlijk van?'

Die laatste zin was te veel. Ze voelde het al toen ze hem uitsprak, maar toen was het te laat. Razendsnel draaide ze zich om, greep de stoel en hield die voor haar buik, net op tijd om John op te vangen die als een leeuw naar voren sprong. Ze viel achterover, de stoel op haar borst en gilde het uit. 'Niet doen! Niet doen, of ik bel de politie!'

Even snel als hij op haar was gedoken, stond John weer overeind. Hij liep achteruit tot hij tegen de muur botste en bleef daar staan. Elin ging ook staan, maar hield de stoel vast, omdat ze niet wist of het gevaar geweken was. Hijgend keken ze elkaar aan. Toen wreef John met zijn handen over zijn gezicht, liep naar het raam en staarde naar buiten.

'Blijkbaar heb ik je onderschat,' zei hij na een tijdje. 'Of je echt foto's hebt of niet, ik wil niet dat dit verhaal, in welke vorm ook, naar buiten komt. Ik heb al genoeg aan mijn hoofd op het moment.' Hij draaide om en ze zag hoe moe hij was. 'Sonja mag dit nooit weten. Volgende week maak ik een bonus over en jullie krijgen een teamuitje. Dan heb je wat je wilt. Maar als ik merk dat je me desondanks verraadt, zoek ik je op en dan ben je nog niet jarig.' De kilte in zijn stem was niet mis te verstaan: hij meende elk woord.

Zonder iets te zeggen, liep ze de deur uit, pakte beneden haar jas, buiten haar fiets en reed zo rustig mogelijk weg. Zijn ogen prikten in haar rug. Pas toen ze de hoek om was en hij haar onmogelijk nog kon zien, trapte ze harder, harder en nog harder, tot ze niet meer kon. In het park stapte ze af, gooide haar fiets in het gras en liet zich ernaast vallen. Ze trilde van top tot teen. 'Goed zo, goed zo, goed zo,' prevelde ze. Ze sloot haar ogen en sloeg haar armen stevig om haar opgetrokken knieën. 'Goed zo, goed zo,' haar stem werd steeds luider, ze kon er niets aan doen. Ze gooide haar hoofd in haar nek en schreeuwde de longen uit haar lijf. 'GOED ZOOO!!! GOED zooo!!!' Na een paar minuten voelde ze de spanning langzaam wegzakken en werd het trillen minder. Ze haalde diep adem en stond weer op. Niet meer in staat om te fietsen, liep ze met de fiets aan haar hand naar huis. Actiepunt drie was volbracht.

39

De harde kloppen op de deur hadden al een paar minuten niets opgeleverd. Elin trok een grimas en wreef stevig over de pijnlijke knokkels van haar rechterhand. Aan de deurstijl was met een paar lagen plakband een briefje bevestigd waarop stond dat de bel defect was. In de nauwkeurig vormgegeven letters herkende ze het handschrift van Jonathan. Het was nog vroeg, eigenlijk te vroeg om met goed fatsoen bij iemand aan te kloppen, maar daar wilde ze nu niet aan denken. Ze had die nacht geen oog dichtgedaan en had behoefte aan advies. Goede raad van iemand die haar kende en die gewoon even moest bevestigen dat ze niet aan het doordraaien was. Dat was alles, haar bezoek hoefde niet lang te duren, maar ze wilde wel nu naar binnen. Ze had niet voor niets de eerste trein genomen om hem te kunnen spreken voor zijn werkdag begon. Hij zou toch niet weg zijn? De ruit boven de deur was te hoog om doorheen te kijken, maar toonde een flauwe gelige gloed die van een lamp moest komen. Als er lampen aan zijn, is hij thuis, dacht Elin en ze stapte resoluut de tuin in om een raam te zoeken waardoor ze wel kon kijken.

De tuin van Jonathan was groot en niet al te best onderhouden. Een dikke laag dorre bladeren bedekte het grootste deel van een uitgestrekt gazon en de houten ligstoel in het midden van het veld zou ook ontdaan moeten worden van een bladerdek voordat hij weer bruikbaar was. Het gazon werd omringd door een ligusterhaag die het geheel een chique maar sombere uitstraling gaf. Vooral nu het nog schemerde en de zon zich vanwege de grijze wolkenlaag de hele dag niet zou laten zien, stemde de tuin triest. Door de twee langwerpige ruiten aan de zijkant van het huis was niets te zien: zware gordijnen belemmerden het zicht. Ze liep verder om het huis heen op zoek naar een achterdeur, toen haar blik viel op iets wits achter in de tuin. Naast een kleine houten schuur kon ze, als ze haar ogen samenkneep, het begin van een smal pad onderscheiden. Na een paar meter leek het uit te komen bij het witte voorwerp dat in het eerste voorzichtige ochtendlicht haar aandacht had getrokken. Ze keek opzij en zag aan de achterzijde van het huis de deur waarnaar ze op zoek was. Er scheen geen licht achter. Met een zucht draaide Elin haar blik weer naar het pad. Ze aarzelde, maar haar nieuwsgierigheid won het van haar wens Jonathan te zien. Ze stak haar handen in haar zakken en zette koers naar het pad. Met grote passen stapte ze door het vochtige bladerdek. Haar broekspijpen werden nat en ze rilde van de kou die via haar benen omhoog kroop.

Het schuurtje achter in de tuin had geen ramen, ook niet in de deur. Ze voelde aan de klink, maar die gaf niet mee. Met drie passen stond ze naast het schuurtje en daar maakte het natte gras plaats voor een smal grindpad. Na een flauwe bocht kwam het uit bij een wit beeldhouwwerk op een sokkel, waar ze een paar minuten eerder een glimp van had opgevangen. Het beeld toonde een atletische man met een doek om zijn middel en een speer in zijn geheven rechterhand. Bij de nek hield het beeld op, het hoofd ontbrak. Vast een Griekse god, dacht Elin. Ze liep om de sokkel heen en zag, gedeeltelijk bedekt met bladeren, het hoofd van het beeld. Een blind oog staarde haar aan. Ze liep dichterbij, zakte door haar knieën en veegde met haar hand de bladeren weg. Nu zag ze twee ogen, een scherpe neus en een goedgevormde mond. Een fraaie kop. Zonde dat die eraf was, wat zou er gebeurd zijn? Ze nam het hoofd in haar handen en liep naar de voorkant van het beeld. Het kostte behoorlijk wat kracht om het hoofd op te tillen en op de nek te plaatsen. Toen ze voelde dat ze de balans gevonden had en het hoofd stevig stond, liet ze het los en zette een stap achteruit.

Met hoofd zag de man er anders uit, krachtiger, verheven. Hij had wel iets weg van Daniël, die kon ook zo mysterieus uit zijn ogen kijken. Net als de ogen van dit beeld, verrieden Daniëls ogen zelden zijn gevoel of gemoedstoestand. Sommigen vonden hem daarom arrogant, maar Elin wist beter. Daniël was een introverte jongen, hij liet niet snel het achterste van zijn tong zien. Hij hield ervan na te denken voordat hij zich een mening vormde en ergerde zich aan mensen die dat niet deden en ook hun mening verkondigden als ze zich niet in het onderwerp hadden verdiept. Zwaar op de hand, had haar moeder deze karaktertrek genoemd, maar zelf vond Elin het prettig. Ze rilde. Daniël was belangrijk voor haar geweest. Tijdens een moeilijke periode op de middelbare school was hij haar rots in de branding. De wetenschap dat hij haar op kwam halen, bood tegenwicht aan de vele eenzame uren op school. Een tijd lang had ze gedacht en gehoopt dat ze altijd bij elkaar zouden blijven, maar Daniëls verhuizing naar zijn moeder in Spanje maakte een einde aan die droom. Toen ze hem zes jaar later weer tegen het lijf liep, kon ze haar geluk niet op. Maar ook toen bleek dat geluk eindig. Blijkbaar mocht het niet zo zijn. Het kon ook niet meer, de Daniël van toen was verdwenen en had plaatsgemaakt voor een man die ze niet herkende.

Een man die haar pijn had gedaan. En dat nam ze hem kwalijk: hij had haar het geluk afgenomen waar ze recht op had. Eigenlijk net als Sirpa dat deed, vroeger en nu weer. Ze snoof toen ze de overeenkomst zag. Daniël en Sirpa, twee spoken uit het verleden die haar leven bleven beïnvloeden.

Ze schrok op van een harde klap, gevolgd door een luide mannenstem. 'Hé! Wat moet dat daar?!' Met een abrupte beweging draaide ze zich om en raakte daarbij met haar schouder de zijkant van het beeld. Het hoofd wankelde. Even leek het zijn positie te hebben hervonden, maar nee, na een paar tellen kantelde het zijwaarts en viel met een zachte plof in het bladerdek op de grond. Vanaf die plek zag het Jonathan naderen die, gehuld in badjas en slippers, zijn haren nat en ongekamd, over het grasveld op Elin afstormde. Vlak voor haar hield hij zijn pas in, hijgend van de korte sprint.

'Elin?!' Zijn verbazing klonk oprecht. 'Wat doe jij nu hier?' Hij keek naar zijn pols, waar nog geen horloge om zat. 'Weet je wel hoe laat het is? Het is hartstikke vroeg!' Hij keek om zich heen alsof hij nog meer mensen verwachtte, maar toen hij niemand anders zag, richtte hij zijn blik weer op Elin.

'Elin. Zeg op, wat doe je in godsnaam op dit tijdstip in mijn tuin? Ben je helemaal gek geworden?'

Bedremmeld staarde Elin naar de grond. 'Dat eh... dat wilde ik eigenlijk juist aan jou vragen,' zei ze schoorvoetend.

'Wat?' Jonathan schudde zijn hoofd. 'Wat vragen?'

'Nou... of ik gek aan het worden ben.'

'O.' Jonathan rechtte zijn rug en trok met een koord de badjas wat strakker om zijn middel. Hij kuchte en vervolgde op iets mildere toon: 'Of je gek aan het worden bent. Nou, dat zal wel meevallen, maar ik vind het niet normaal dat je voor dag en dauw in mijn tuin staat. Dat kan ik niet goedkeuren, Elin, dat begrijp je toch wel? Als je me iets wilt vragen, bel je me op, dan maken we een afspraak en dan kom je langs op de dag en het tijdstip van die afspraak. En niet zomaar onaangekondigd. Dat wil ik niet hebben, Elin. Dat doe je niet meer. Is dat duidelijk?'

Elin knikte.

'Nou,' Jonathan keek nog eens naar zijn pols, ontdekte dat zijn horloge nog steeds ontbrak en nam een besluit. 'Laten we hier niet blijven staan, het is veel te koud. Je mag binnenkomen, we drinken een kop koffie en ik zal je vragen beantwoorden. Maar dat doe ik bij hoge uitzondering op deze manier! Ik kan dat niet genoeg benadrukken. Goed?'

Weer knikte Elin. 'Ehm...' ze wees naar het hoofd op de grond naast de sokkel. 'Dat heb ik niet gedaan hoor, dat lag er al naast toen ik hier aankwam.'

Niet-begrijpend volgde Jonathan haar vinger naar de grond. Toen hij het hoofd zag en Elins beteuterde blik, kon hij een glimlach niet onderdrukken. 'Dat weet ik, Elin, zo heb ik het gekocht. Het hoort zo.'

'O,' Elin durfde nu ook een voorzichtige glimlach te laten zien, waarna ze Jonathan volgde die met grote passen het gazon overstak op weg naar de warmte van zijn keuken.

40

De koffie in Jonathans keuken bracht de geruststelling die ze nodig had. Haar schoenen had ze op verzoek van Jonathan uitgetrokken. Nu zat ze met haar sokken op de verwarmde vloer aan de keukentafel met een dampende mok koffie in haar handen. De keuken was niet groot, maar bood voldoende ruimte voor een tafel waaraan je met vier man makkelijk zou kunnen eten. Jonathan stond aan het aanrecht en smeerde boterhammen met pindakaas, twee voor haar en twee voor hemzelf. Toen hij de borden op tafel zette en terugliep om ook zijn koffie te pakken, voelde ze de tranen in haar ogen prikken.

'Dank je wel, Jonathan.'

Hij zei niets, nam plaats op de stoel tegenover haar en hapte in een boterham.

'Vertel maar.'

Ze keek hem aan en lachte genegeerd. 'Het is weg.'

Jonathan trok zijn wenkbrauwen omhoog. 'Wat is weg?'

'Het is weg. Vannacht kon ik niet slapen en moest ik gewoon naar je toe. Met jou praten en vragen of het wel goed is wat ik doe, of ik wel op de juiste weg zit. Ik wist het allemaal niet meer zeker en dat bracht me zó in de war, weet je? Er gebeurt de laatste tijd ook zo veel, allemaal dingen die goed zijn, denk ik, maar ook nieuw. Nieuw, onbekend. Ik ken mezelf soms niet meer en dat is raar, heel raar. En dus dacht ik, ik moet met je praten, want jij kent mij en jij kunt zeggen of wat ik doe goed is, of dat ik gek geworden ben.'

Met rode wangen van de koffie en de vloerverwarming keek ze hem aan.

'En wat is er dan nu weg?'

'Nou, dat gevoel, die paniek.' Ze hief haar handen in de lucht. 'Sorry dat ik zomaar je tuin binnen ben gelopen, zonder afspraak. Dat had ik niet moeten doen.'

Een paar minuten zaten ze zwijgend tegenover elkaar en dronken hun koffie.

'Is er de laatste tijd zo veel gebeurd?'

'Ja. Weet je, ik heb besloten dat ik geen slachtoffer meer wil zijn. Ik wil mijn leven leiden zonder rekening te houden met de wensen en verwachtingen en meningen van anderen. Ik ben erachter gekomen dat ik me liet domineren door... nou ja, door heel veel mensen eigenlijk. Dat had ik niet eens in de gaten, maar nu zie ik het! En kan ik het niet níet meer zien.'

Jonathan zette zijn lege koffiemok op tafel. 'Dat is een groot inzicht.'

Elin kleurde, en dit keer niet van de koffie. 'Ja. Mag ook wel op mijn achtentwintigste, of niet?' Ze lachte verlegen.

'Hoe voel je je daarbij?'

'Sterk. Soms bang. Maar ik heb ontdekt dat ik me vaak onnodig druk maak om dingen.' Ze aarzelde even, maar besloot toch meer te vertellen. 'Ik heb een lijst gemaakt met opdrachten voor mezelf. Dingen die ik moet doen om af te rekenen met alles wat me tegenhoudt. Om te worden wie ik wil zijn.'

'Zooo.' Jonathan floot zacht tussen zijn tanden. 'Je gaat hard, Elin. Nu snap ik je paniek. De inzichten en veranderingen die jij beschrijft zijn genoeg voor een mensenleven, maar jij neemt er een paar maanden voor.'

'Is dat fout?'

'Dat heeft met goed of fout niets te maken.'

'O, oké.' Door het raam staarde Elin de tuin in, die er in het ochtendlicht minder somber uitzag dan daarstraks. 'Het heft in eigen handen nemen, daar gaat het nu om. Ik heb een paar opdrachten achter de rug en ze gingen me goed af. Zo goed dat ik me bijna niet voor kan stellen waarom ik ze nu pas heb uitgevoerd. En waarom ik zo lang precies heb gedaan wat anderen me opdroegen. Als een marionet. Alles accepteren om maar geen ruzie te krijgen, om anderen maar niet te kwetsen. Anderen niet, maar mezelf des te meer. Dat ik dat niet zag! Onbegrijpelijk.'

'Je hebt veel geleerd in korte tijd.'

Weifelend keek ze hem aan. 'Ik zit dus op het juiste spoor? Dat vind jij ook?'

'Wat je me nu vertelt, klinkt wijs. Je komt voor jezelf op en dat heb je lange tijd niet gedaan. In je relatie met Daniël heeft je ontwikkeling stilgestaan. Je zou kunnen zeggen dat je die periode van stilstand nu in versneld tempo inhaalt. Je stelt jezelf centraal in je eigen leven, dat kan ik alleen maar toejuichen. Je leven is van jou, lééf het dan ook zoals jij wilt.'

Jonathan schonk haar een warme blik die ze lachend beantwoordde. Ze kon haar geluk niet op en stond op van haar stoel om de lege mokken nog eens met koffie te vullen.

'Super dat je dat zegt,' zei ze stralend. 'Ik dacht al wel dat ik goed bezig was, maar het is, zoals ik zei, zo nieuw voor me dat ik helemaal moet wennen aan mezelf en de dingen die ik durf.'

'Dat is alleen maar begrijpelijk.' Met een blik op de klok aan de muur, stond Jonathan ook op. 'Maar nu moet je gaan, Elin. Mijn eerste cliënt komt zo en die heeft wel een afspraak.' En met een knipoog wees hij naar de deur.

Elin pakte haar schoenen en haar jas die ze over de keukenstoel had gelegd. 'Ontzettend bedankt. Ik ben heel blij met je woorden en ik beloof dat ik niet nog een keer onverwacht binnenval.'

'Dat is je geraden! Je bent goed bezig Elin, ga zo door. Vertrouw op je eigen kracht, dat kan niet verkeerd zijn. En nu weg, hup!'

Grinnikend liep Elin door de hal naar de voordeur. Met een laatste zwaai nam ze afscheid en zette ze koers naar het station. Ze voelde zich zo licht als een veertje. Jonathans woorden hadden haar de bevestiging gegeven die ze zocht; ze was op de goede weg. De eerste drie opdrachten van haar lijstje had ze afgevinkt en daar mocht ze trots op zijn.

41

Het fietstochtje van het station terug naar haar appartement had haar goed gedaan. De koude lucht om haar hoofd friste haar op. Daarbij waren de woorden van Jonathan een enorme oppepper. Neuriënd liep ze de trap op. Ze had enorm zin om haar bergschoenen aan te trekken, naar het bos te rijden en een stevige wandeling te maken. In het theehuis naast het bos hadden ze de lekkerste warme chocolademelk met slagroom en die had ze wel verdiend. Een goed plan. Maar ze was nog niet boven of ze hoorde de bel gaan. Snel draaide ze haar deur open om op de intercom te kijken wie er voor de voordeur stond. Ze fronste haar wenkbrauwen toen ze haar moeder zag staan. Na het telefoontje waarin ze had gemeld niet langer naar het graf van haar vader te willen gaan, had ze haar moeder niet meer gesproken. Bewust niet: haar moeder was aan zet. Zij was flink tegen Elin uitgevallen en mocht dat eerst wel eens rechtzetten. Haar moeder drukte een tweede keer op de bel en opeens verscheen er nog een gezicht in het schermpje van de intercom. Een man die ze niet kende. Of nee, wacht eens, dat was Wim! Wat deden haar moeder en Wim zo vroeg al bij haar op de stoep? Zonder iets te zeggen, drukte ze op het knopje om de deur te openen. Ze bleef wachten totdat ze een klop hoorde op de deur van haar appartement, ze haalde diep adem, blies uit en drukte de klink omlaag.

'Dag Elin... eh... ik ben met Wim... mogen we binnenkomen?'

Elin knikte en stapte achteruit om de twee te laten passeren. Bedremmeld. Dat was het woord. Haar moeder had bedremmeld geklonken. Weer eens iets anders. Ze was gewend aan een drukke, praatgrage moeder en in deze hoedanigheid had ze haar niet eerder gezien. Zelfs na de dood van haar vader had haar moeder 'de moed erin gehouden', zoals ze zelf voortdurend zei. Wat inhield dat ze alleen maar meer was gaan praten en nog meer hobby's had opgepakt. Een manier om zich staande te houden, dat was duidelijk. Het had gewerkt, ze was overeind gebleven en nu, na vele jaren als weduwe door het leven te zijn gegaan, stond ze in het appartement van haar enige dochter met haar nieuwe partner Wim.

Ze nam plaats op de bank en klopte op het kussen naast haar. Wim ging ook zitten. In tegenstelling tot haar moeder had Wim een rust over zich die Elin prettig vond. Maar net als haar moeder hield hij zijn mond. Alsof ze afgesproken hadden dat hij zich op de achtergrond zou houden. Een rol die hem geen moeite kostte.

Toen de stilte ongemakkelijk werd, draaide Elin een stoel van de eettafel om en ging tegenover hen zitten. Ze keek haar moeder vragend aan. Die begreep de hint.

'Eh ja, Elin. Laat ik bij het begin beginnen. Het spijt me dat ik wat fel reageerde laatst aan de telefoon. Je overviel me nogal en eh... Ja, ik kan me voorstellen dat je je op een begraafplaats niet prettig voelt en het is natuurlijk ook een eind reizen, zo met de trein, en het was eigenlijk niet zo mooi van mij dat ik van jou vroeg het graf te verzorgen. Jij hebt ook je eigen dingen natuurlijk en eh... ja, dus dat had ik misschien anders moeten aanpakken.'

'Oké,' zei Elin, 'ik ben blij dat te horen, het is al goed.' Ze stond op en liep naar de keuken. 'Willen jullie koffie?'

'Nou,' begon Wim, maar voordat hij zijn zin af kon maken, werd hij overstemd. 'Nee hoor, we gaan zo weer weg. We wilden dadelijk nog naar een winkel hier in de stad en dan moeten we nog langs Ans en vanmiddag komt de eh... o...' Een schichtige blik naar Wim kon niet voorkomen dat haar wangen diep rood kleurden. 'Elin, we eh... we komen je eigenlijk nog iets vertellen.'

'O?'

'Ja, ga maar weer even zitten.' Haar moeder wees naar de stoel.

'Ik blijf wel staan. Wat willen jullie vertellen?'

Voor het eerst sinds haar binnenkomst keek haar moeder haar recht aan. 'Wim en ik gaan samenwonen. Dat wil zeggen, ik ga naar Wim in Limburg en ik verkoop mijn huis, eh, ons oude huis dus.'

'O? Echt waar?'

'Ja eh, tenminste, als jij daar geen bezwaar tegen hebt...'

'Bezwaar? Ik vind het juist hartstikke leuk dat jullie gaan samenwonen! Gezellig toch? Alleen is maar alleen.' Iets te enthousiast knikkend draaide Elin zich abrupt om en liep naar de keuken. 'Ik zet toch even koffie, hoor. Voor één kopje hebben jullie toch wel tijd?'

Met haar rug naar haar bezoekers toe ging ze in de weer met koffiekopjes en schoteltjes. Ze knipperde hard met haar ogen om haar tranen te bedwingen. Samenwonen oké, geen probleem, vooral doen. Maar het huis verkopen? Haar oude huis, waar ze samen met haar vader had gewoond? Dat deed pijn. Alsof met het huis ook de herinneringen aan haar vader, die juist op die plek nog zo tastbaar waren, voorgoed zouden verdwijnen. Ze slikte en voelde een brok in haar keel. Het was onzin, natuurlijk. Haar vader was er niet meer en herinneringen zaten in je hoofd, niet in een huis. En ze kon haar moeder niet tegenhouden deze stap te zetten. Dat wilde ze ook niet. Welbeschouwd had het al veel eerder kunnen gebeuren. Als haar moeder Wim jaren geleden had leren kennen, was het huis waarschijnlijk al eerder verkocht. Ze zuchtte eens diep en rechtte haar schouders. Kom op, Elin, accepteren. Dit moet zo zijn.

Ze liep terug naar de kamer en ging weer op de stoel zitten. 'Gefeliciteerd hoor, ik ben blij voor jullie,' zei ze met een lach op haar gezicht. 'En ik snap dat het huis verkocht moet worden. Maar ik heb wel een verzoek. Mag ik de fotoboeken en de sigarendoos van papa?'

Met een snik stond haar moeder op om haar te omhelzen. 'Natuurlijk meisje, die mag jij zeker hebben. Je mag alles hebben wat je wilt. Kom anders nog een keer kijken, loop een rondje door het huis en kies uit wat je leuk vindt.'

Maar Elin schudde haar hoofd. 'Dat hoeft niet. Verder wil ik niets.'

'Goed dan.' Haar moeder liet haar los, streek net als vroeger Elins haren achter haar oren en knikte naar de keuken. 'Denk je dat de koffie klaar is? Die kunnen we nu wel gebruiken.'

42

De bus was bijna leeg. Achter de condens en de regendruppels op het raam zag Elin de weilanden aan zich voorbijtrekken. De koeien ademden pluimpjes rook. Buiten was het koud, maar in de bus voelde het behaaglijk, de chauffeur had de verwarming flink opgestookt. Het zou nog ruim een uur duren voor ze uit moest stappen, en dan was het nog een minuut of twintig lopen naar de Valkenberg Kliniek. Toen ze er een paar weken geleden vertrok, had ze niet kunnen bedenken dat ze zo snel alweer terug zou gaan. De afkeer voor Daniël was zo sterk geweest, dat ze vastbesloten was hem nooit meer op te zoeken. Maar het moest. Als ze af wilde rekenen met haar verleden en met de Elin die ze niet meer wilde zijn, moest ze die rekening vereffenen.

Ze had hem meteen herkend. Hij stond met zijn rug naar haar toe, een informatiefolder in zijn hand, en keek naar een van de installaties in de grote zaal van de Kunsthal. Er was al veel geschreven over het werk van de omstreden kunstenaar Damien Hirst en de ophef in de media had ook Elins nieuwsgierigheid gewekt. Nu ze het werk zag, begreep ze de commotie wel. *The physical impossibility of death in the mind of someone living* toonde een gigantische vitrine met een tijgerhaai op sterk water. Een vervreemdend beeld. Afstotelijk, maar tegelijk fascinerend. Ze kon niet zeggen of ze het mooi vond of lelijk, maar ze bleef er wel naar kijken. Net als Daniël, die pas na een hele tijd naar het volgende kunstwerk liep.

Vijf jaar eerder had ze hem uitgezwaaid toen hij naar zijn moeder in Spanje vertrok. Maar op de een of andere manier had ze altijd geweten dat ze hem weer zou zien. Dat het juist hier was, bij Sensation, een tentoonstelling over afschrikwekkende kunst, voelde later als een macabere voorspelling. Alsof het lot haar had willen waarschuwen voor de zieke geest die Daniël zou worden en voor de brandwonden op haar borst waarmee hij haar tot een levend kunstwerk had gemaakt.

Ze zag dat hij even in de folder bladerde die hij vervolgens in de achterzak van zijn spijkerbroek stak. Een vertrouwd gebaar, zo had hij ook altijd zijn slaghandschoen weggestopt als zijn slagbeurt voorbij was. De herinnering aan de tijd op het honkbalveld maakte haar warm vanbinnen. Wat was het heerlijk hem te zien. Ze wilde naar hem toe rennen en hem omhelzen, hem ruiken, voelen, proeven, maar ze hield zich in. Was hij hier alleen? En als dat zo was, zou hij het dan wel leuk vinden haar terug te zien? Langzaam liep ze langs de zijmuur van de zaal tot ze in zijn gezichtsveld stond. Ze durfde niet verder te lopen en wachtte gespannen af. En vanuit het niets, zonder aankondiging of waarschuwing, alsof hij wist dat ze daar stond en op hem wachtte, keek hij haar aan. Tijd en ruimte verdwenen. Het was of ze met zijn tweeën waren en al het andere in een vage mist werd gehuld. Ze bleven staan en zagen alleen elkaar. Een stap verzetten was niet nodig, dichterbij was niemand ooit geweest.

Ze rilde en schrok wakker. De bus stond stil om een oudere heer binnen te laten. Door de open deur waaide een kille wind. Ze stopte haar handen in de zakken van haar winterjas en sloot opnieuw haar ogen. De onverwachte ontmoeting met Daniël leek nu onwerkelijk. Ze waren zo blij geweest elkaar weer te zien dat er van het museumbezoek niets meer terechtkwam. In het restaurant hadden ze een lunch besteld en gepraat en gepraat tot een suppoost hen er vriendelijk op had gewezen dat het museum ging sluiten. Daniël vroeg haar mee naar zijn huis en niet veel later had ze haar spullen verhuisd en was ze bij hem ingetrokken. De eerste maanden waren fijn geweest. Ze waren net zo happy als tijdens hun verkering op de middelbare school. Maar heel geleidelijk was hij bezitterig geworden en jaloers. Hij werd boos als ze met iemand anders op pad ging, al was het haar moeder of een vriendin. Toen ze op een zonnige dag haar tas pakte voor een uitje naar het strand, verbood hij haar simpelweg te gaan. Ze was verbaasd geweest, maar had naar hem geluisterd. Ze hield niet van confrontaties, was er niet goed in, nooit geweest. Liever deed ze wat hij vroeg, stelde ze hem tevreden en zocht ze naar manieren om de liefde tussen hen levend te houden. Dat werd een jarenlange beproeving, met de littekens op haar borst als tragisch dieptepunt.

Ze zoog haar longen vol lucht en dacht aan de laatste keer dat ze Daniël had gezien. Huilend in zijn rolstoel had hij afschuw in haar opgeroepen. Pure walging voor het zwakke schepsel dat hij was, had zich van haar meester gemaakt. Maar dat had zijn doel gediend, besefte ze nu. Daniël zo te zien had haar angst voor hem verdreven. Haar rusteloze nachten en de nachtmerries over hem hadden plaatsgemaakt voor een vastberadenheid die nieuw voor haar was: ze zou zich niet meer laten domineren, nu was zij de baas. En dat zou hij merken ook. Ze kwam overeind en liep naar de deur, haar halte was in zicht. Ze kon niet wachten om met Daniël aan de slag te gaan.

43

Hij zat al in de bezoekruimte toen ze werd binnengelaten door de dame in mantelpak die haar de vorige keer ook had verwelkomd. De rolstoel stond in de hoek van de kamer en zelf hing Daniël onderuitgezakt in een van de fauteuils, als een verveelde puber, bladerend in een tijdschrift. Hij had geen straps om. Ze wist dat al, maar toch schrok ze. Gisteren had de assistente van dokter Verhoeven haar gebeld om te zeggen dat fixatie van Daniël tijdens bezoekuren niet langer nodig was, tenzij zij er specifiek behoefte aan had. Daniël vormde geen gevaar meer voor zichzelf of de andere bewoners, en de dokter streefde naar een minimale belasting van zijn patiënten. Ze had de assistente bedankt voor het bericht en gezegd dat ze vertrouwde op de beslissingen van de dokter. Als ze haar plan wilde doorzetten, had ze Daniël nodig zonder straps.

Bij het raam stond een medewerker van de kliniek. Hij stak zijn hand op ter begroeting en richtte zijn blik naar buiten alsof hij daarmee zijn aanwezigheid wilde minimaliseren. Even bleef Elin in de deuropening staan. Ze had erover nagedacht hoe Daniël te benaderen. Het was belangrijk dat ze hem de baas bleef, maar ze moest hem ook niet tegen zich in het harnas jagen. Ze moest hem pushen, maar niet te snel en niet te hard. Deze koorddans vergde een grote mate van subtiliteit. Alleen dan zou ze hem krijgen waar ze hem hebben wilde. Ze had geprobeerd een strategie te bedenken, maar was tot de conclusie gekomen dat dat bijna onmogelijk was. Daniël was onberekenbaar en, als ze zich de woorden van dokter Verhoeven goed herinnerde, soms volledig onbereikbaar. Ze zou dus moeten improviseren. En wel direct, want deze Daniël oogde weer volkomen anders dan de huilebalk die hij tijdens haar laatste bezoek had laten zien.

'Dag Daniël,' zei ze met een neutrale stem. Ze hield er rekening mee dat ze hem de vorige keer met harde woorden had verlaten. Dat ze gezegd had dat hij haar niets meer deed. Het zou niet passen hem nu te vriendelijk tegemoet te treden, dat kon argwaan wekken.

Daniël keek op, legde zijn tijdschrift op de salontafel en rechtte zijn rug. Hij zei niets. Langzaam kwam Elin dichterbij. Ze twijfelde even, maar ging toen in de fauteuil naast die van hem zitten.

'Ik ben er weer.'

Hij keek haar aan, in zijn ogen een kille blik. 'Wat kom je doen?'

'Ik wil je mijn excuses aanbieden voor de dingen die ik vorige keer heb gezegd. Ik was toen niet zo aardig en dat was niet goed van mij.'

Het mysterie in zijn ogen, waar ze jaren geleden zo hard voor gevallen was, had het altijd lastig gemaakt hem te peilen. Te zien wat hij werkelijk dacht. Nu was dat moeilijker dan ooit. Ze bestudeerde zijn gezicht nauwkeurig en meende een glimp op te vangen van iets wat ze zou kunnen omschrijven als hoop. Dat was goed, daar kon ze iets mee.

'Dokter Verhoeven zegt dat het steeds beter met je gaat,' loog ze. 'Je zit ook niet meer in die rolstoel, dat is een vooruitgang. En ik moet zeggen, je ziet er beter uit dan de vorige keer.'

Die was raak. Een voorzichtige glimlach krulde om zijn lippen, maar hij bleef gereserveerd. Er kon nog wel een schepje bovenop.

'Dat langere haar staat je ook goed, stoer wel. Hebben ze hier een kapper?'

Nu verbreedde zijn glimlach tot een volle grijns. 'Je kunt een kapper laten komen en dat doe ik best vaak.' Hij streek zijn haar naar achteren. 'Ik ben er zelf ook tevreden mee.' Hij keek haar aan en als bij toverslag zag ze zijn gezicht betrekken, alsof er een donkere wolk voor de zon schoof.

'Wat is er?' vroeg ze.

'Het kan je niets schelen.'

'Wat kan me niets schelen?'

'Dat ik spijt heb van wat er is gebeurd. Dat kan je niets schelen, dat zei je de vorige keer.'

Elin knikte. Hier had ze op gerekend, ze had haar woordje klaar. 'Ja, dat heb ik gezegd. Maar weet je, ik ben zo ontzettend boos op je geweest. Dat moest ik je gewoon even zeggen. Wat mij betreft is dat nu voorbij. Ik wil niet stilstaan bij de dingen die gebeurd zijn. Ik kijk liever vooruit. Jij ook?'

Met zijn hoofd iets schuin nam hij haar op, alsof hij haar woorden op waarheid testte. Ze hield haar adem in en deed haar best niet weg te kijken.

'Een toekomstgerichte instelling, dat waarderen ze hier enorm,' zei hij toen. 'Altijd denken aan vandaag en morgen, nooit aan gisteren. Steeds maar vooruit. Welke doelen stel je voor jezelf? En hoe ga je die bereiken? Prima hoor, maar ik kan dat dus niet.' Hij liet zijn hoofd zakken en pulkte aan de rand van zijn pantoffel, die hij op zijn knie had gelegd. 'Weet je hoe vaak ik nog aan vroeger denk? Aan honkbal en aan jou, de films die we samen keken, de muziek die we allebei leuk vonden. Ik denk daar graag aan, Elin, we hadden het goed samen.' Opeens boog hij zich voorover, pakte haar hand en trok eraan. 'Hadden we het niet goed samen, Elin?'

Ze verkrampte onder zijn aanraking, maar het lukte om haar hand niet terug te trekken. 'Ja, lange tijd hadden we het heel goed samen, dat klopt.'

'Toch ging het mis,' zei hij zacht. 'Ik had mezelf niet in de hand, Elin. Veel van wat de dokter me verteld heeft, kan ik me niet eens herinneren. Dat is toch niet normaal?' Hij schudde zijn hoofd. 'Ik weet wel dat ik dingen heb gedaan die ik niet had mogen doen. En dat spijt me.' Hij draaide in haar richting, maar durfde haar niet aan te kijken. Zijn blik bleef hangen bij haar knieën. 'Wil je in ieder geval geloven dat het me spijt, Elin? En dat ik alles zou willen doen om het goed te maken?'

Bingo. Een mooiere opening had hij niet kunnen geven. Ze schoof naar voren in haar stoel en legde een hand op zijn arm.

'Natuurlijk geloof ik dat. En ik vind het heel lief dat je zegt dat je het goed wilt maken, want er is inderdaad iets wat je voor me kunt doen. Eerlijk gezegd kan ik je hulp erg goed gebruiken. Maar ik denk dat het nu nog te vroeg is om daarover te praten. We hebben elkaar zó lang niet gezien. Misschien moeten we elkaar eerst weer wat beter leren kennen.'

Als ze niet zo'n diepe minachting voor hem had, zou ze zich bijna schuldig voelen vanwege de intens dankbare blik die hij haar schonk. Focus, Elin van Driel! zei een stem in haar hoofd. Bij de les blijven, nu. Je bent hier met één doel, houd dat goed voor ogen.

'*Consider it done*,' zei hij stellig. 'Echt waar, Elin, wat het ook is. Als ik daarmee mijn fouten kan herstellen, ben ik je eeuwig dankbaar.'

'Goed. Maar laten we eerst over andere dingen praten.' Ze

veranderde haar serieuze toon naar een meer opgewekte, in de hoop hem mee te krijgen. 'Sport bijvoorbeeld. Is er hier wat te doen? Ruimte genoeg, zou ik denken.'

'We hebben beneden een fitnesszaal en een zwembad,' begon hij aarzelend. 'Maar het liefst zou ik buiten gaan hardlopen. De velden zien er vooral als de zon schijnt zo uitnodigend uit. Maar ja...' hij keek haar beteuterd aan, 'ik mag niet alleen naar buiten.'

'O, nee?' Elin greep haar kans met beide handen. 'Ik denk dat ik daar misschien wel wat aan kan doen. Zal ik dokter Verhoeven vragen of we samen een keer mogen hardlopen, hier op het terrein? Dat zal hij vast goedvinden. Er is toch geen dokter die zijn patiënten niet graag laat sporten?'

Als een klein kind zo blij sprong Daniël op. 'Ja, doen!' riep hij. De sprong verraste Elin. Ze had gedacht dat hij zwakker was. De medewerker bij het raam schrok ook op, hij kwam wat dichterbij en maakte met een handgebaar duidelijk dat Daniël moest blijven zitten. Toen nam hij zijn positie bij het raam weer in.

Daniël grinnikte en gaf Elin een knipoog. Zij lachte terug. Dit ging perfect! Hij had niets door, geloofde haar act volledig. Mooi, nu even gas terug, niets forceren. Ze sloeg haar benen over elkaar en nestelde zich in haar fauteuil alsof ze op haar gemak was en zich thuis voelde bij hem. Uit haar ooghoeken zag ze dat Daniël haar observeerde. Hij oogde content.

'En jij?' vroeg hij na een tijdje. 'Wat doe jij tegenwoordig?'

'Ik ben nog steeds grafisch vormgever en ik speel in een toneelstuk.'

'Leuk. Welk stuk?'

'Medusa, die Griekse mythe, weet je wel?'

Hij floot zacht door zijn tanden en keek even omhoog.

'Poeh, dat is een tijd geleden, hoe ging dat verhaal ook alweer?'

'Er zijn meerdere versies van,' begon Elin, 'maar het komt erop neer dat Medusa een schitterende vrouw is in een land waar de zon nooit schijnt. Ze smeekt heerseres Athena om haar de zon te laten zoeken, maar dat staat deze niet toe. Daarop zegt ze dat Athena haar weigert, omdat anders iedereen kan zien dat Medusa mooier is. Athena is woedend en verandert uit wraak Medusa's haar in een bos slangen en zorgt ervoor dat iedereen die Medusa aankijkt, versteent. Uiteindelijk wordt Medusa in opdracht van Athena door Perseus onthoofd. Dat is het in het kort. En ik speel Athena.'

Daniël had met open mond geluisterd en knikte nu enthousiast. 'Echt? Doe eens een stukje.'

'Hoe bedoel je?'

'Doe eens een stukje, laat eens wat horen. Ik ben benieuwd hoe Athena klinkt.'

'O, heel gewoon hoor,' zei Elin ongemakkelijk. 'De regisseur heeft het vertaald naar deze tijd. Het stuk speelt zich af in een skichalet. We zijn met een heel stel op wintersport en in dat chalet gebeurt van alles. Er zit ook veel humor in.' Ze zag zijn verwachtingsvolle blik. 'Oké dan,' zwichtte ze en ze ratelde een paar regels van haar tekst op.

Toen ze stil hield, klapte Daniël een paar keer in zijn handen. 'Ik zou het graag zien,' zei hij, 'maar dat zal wel niet kunnen.'

'Wie weet. Maar misschien wordt het helemaal niet zo goed. Onze nieuwe regisseur zegt dat ik niet helemaal geloofwaardig ben, dat ik niet overtuigend genoeg overkom.' Ze zuchtte overdreven en knipperde met haar ogen. 'Ik repeteer me suf, maar het blijft lastig.'

Daniël hapte meteen toe. 'Zal ik je helpen? Als we samen je

tekst doornemen, kan ik zeggen waar het geloofwaardig is en waar niet.'

Elin deed of ze nadacht. 'Tja, dat zou misschien wel schelen, maar dan zou ik nog een keer langs moeten komen...'

'Ja! Kom morgen, kom maar morgen gewoon weer langs.' Daniël struikelde over zijn woorden van enthousiasme.

Met een zachte kuch vroeg de assistent bij het raam om aandacht. Toen Elin keek, tikte hij op zijn horloge en liep naar de deur. Het was tijd om haar bezoek te beëindigen. Quasi teleurgesteld keek ze naar Daniël. Hij zat nog net niet op zijn knieën, maar zijn hele houding schreeuwde hoe graag hij wilde dat ze terugkwam.

'Kom je morgen weer, Elin?'

'Morgen kan ik niet, dan moet ik werken. Maar misschien kan ik woensdag vrij nemen. Dan zou ik op z'n vroegst om twaalf uur hier kunnen zijn. De bus rijdt niet eerder.'

'Kom je met de bus?' Daniël klonk verbaasd. 'Heb je nog steeds geen auto dan? De mijne staat werkeloos bij mijn oom in de garage. Die mag je wel zolang gebruiken.'

'Serieus?' Hier had Elin niet op gerekend. 'Mag ik jouw auto lenen?'

'Ja natuurlijk. Ga 'm maar halen, dan kun je ook makkelijker hierheen komen.'

Ze knikte en hield even zijn hand vast. 'Tot over een paar dagen dan.'

'Tot woensdag, Elin.'

44

De dubbele boterham met abrikozenjam die er al jarenlang bijna iedere ochtend goed in was gegaan, zag er opeens stukken minder aantrekkelijk uit en de beker melk kreeg ze ook maar voor de helft weg. Alsof haar maag al vol was, terwijl de tosti geitenkaas van de vorige avond allang verteerd moest zijn. Totaal geen trek, constateerde ze. Typisch, ze kon altijd eten en vond veel lekker. Maar er was iets veranderd, ze voelde zich anders. Alles leek anders. Niet veel, maar toch genoeg om op te merken. Ze zette haar bord en beker weer op het aanrecht en liep naar het raam. Het ochtendlicht gaf een vreemde paarse gloed aan de mensen op straat. Ze liepen met een kind aan de hand of een hond aan de lijn, net als iedere ochtend, naar school of naar het park. Maar in dat rare paarse schijnsel leek het of ze zich trager voortbewogen, een tandje trager dan gisteren.

Ze draaide zich om en bekeek haar woonkamer. Ook hier was iets ondefinieerbaar anders. Op de een of andere manier was het niet langer de kamer waarin ze zich zo thuis voelde. Haar bank, boekenkast en eettafel waren losse elementen geworden, onpersoonlijk, zonder cohesie. Alsof ze wisten dat ze snel geen thuis meer hoefden te vormen en al afscheid hadden genomen. Elin begreep het. Het pad dat ze was ingeslagen kende geen weg terug. Dat ze offers moest brengen om haar doelen te bereiken, was jammer maar vanzelfsprekend. Ze keek op de klok aan de muur. Het was tijd om te gaan.

Carolijn zag haar aankomen en deed de deur open.
'Hallo!' joelde ze. 'Heb jij 'm ook al?'
'Wat heb ik al?'
'De bonus! We hebben dit weekend allemaal 550 euro van John gekregen. Te gek, hè? Heb je je saldo nog niet gecheckt?'
'Nee, nog niet. Maar wat leuk, een bonus. Die hebben we ook wel verdiend, vind je niet?' Elin lachte om Carolijn die zo ongeveer door de keuken stuiterde. John had woord gehouden, dat viel niet tegen.
'Wauw, dit is gaaf. Nu komt mijn reis naar Shanghai een stuk dichterbij!'
Samen liepen ze het kantoor in, waar de anderen de bonus ook druk bespraken. Ze keken op toen Rolf om stilte vroeg. 'Jongens, John belde net, hij is onderweg hierheen en wil ons allemaal spreken. Of we over een half uur in de vergaderkamer willen verzamelen.'
'Wat is er nou weer aan de hand?' vroeg Carolijn argwanend.
Rolf haalde zijn schouders op. 'Hij zei verder niets. Ik weet het ook niet.'
Van werken kwam dat half uur niets terecht. De wildste speculaties over wat John te zeggen had deden de ronde. Maar wat er echt aan de hand was hoorden ze pas toen John hen aan het hoofd van de vergadertafel ernstig toesprak.
'Dames en heren, ik heb jullie bijeengeroepen voor een bijzondere mededeling. Dit bedrijf bestaat nu bijna tien jaar en met de meesten van jullie werk ik al langere tijd samen. Ik ben alleen begonnen, op de zolderkamer van mijn eerste huis, en

als je dan ziet waar we nu staan en voor welke grote opdrachtgevers we werken, dan mogen we apetrots zijn.' Met veel gevoel voor theater pauzeerde hij even. Hij trok zijn jasje uit en rolde omslachtig de mouwen van zijn overhemd op.

'Maar helaas, aan al het goede komt een eind. Ook hieraan. Sonja heeft zeer recent een topaanbod gekregen voor een positie bij het Europees Parlement in Brussel. Dat neemt ze aan, uiteraard, en ik ga met haar mee. Dat betekent dat ik dit bedrijf in de markt zet en hoop op een snelle verkoop.'

Het bleef stil. Iedereen liet de betekenis van Johns woorden tot zich doordringen. Carolijn was de eerste die haar mond opentrok. 'En wat gebeurt er dan met ons?'

Verstrooid keek John haar aan. 'Ja, eh... er zijn twee mogelijkheden. Het kan zijn dat iemand dit bedrijf overneemt met jullie erbij. Dan merk je er weinig van en krijg je alleen een nieuwe baas. Maar het is ook mogelijk dat de koper andere plannen heeft met dit pand of hier een ander bedrijf wil vestigen.'

'O ja, en dan staan wij dus allemaal op straat?' Carolijns gezicht was knalrood, ze ontplofte bijna. 'Daarom hebben we zeker die bonus gekregen? Als goedmakertje vooraf? Nou, weet je wat jij met die bonus kunt doen? Steek die maar in je reet!' Met grote passen beende ze de kamer uit, om de deur met een stevige klap dicht te gooien.

'Nou, leuk dat jullie allemaal zo enthousiast zijn,' schamperde John, 'en mij en Sonja ook feliciteren met deze bijzondere kans.' Hij stond op, pakte zijn jasje en liep al naar de deur toen Elin haar hand opstak. 'Vergeet je niet iets, John?' vroeg ze. Aan de giftige blik in zijn ogen zag ze dat hij meteen wist wat ze bedoelde. Langzaam liep hij weer terug naar zijn plaats.

'Ja, nog iets. Ik probeer al een paar maanden een uitje voor jullie te plannen, maar door alle drukte is het er niet van gekomen. Rolf, misschien kun jij iets organiseren? Kijk maar wat jullie leuk vinden, dan hoor ik wel wat het wordt.' Nog even bleef hij staan, maar toen er weer geen reactie kwam, liep ook hij met een kwaad hoofd de kamer uit.

Elin lachte stilletjes. Haar plan was geslaagd. De verkoop van het bedrijf had ze niet voorzien, maar wat er gebeurd was liet zich raden: Sonja had John de wacht aangezegd. Het was slikken of stikken: mee naar Brussel of einde huwelijk. En blijkbaar was meneer gezwicht. Hij verkocht zijn bedrijf en ging met hangende pootjes achter zijn vrouw aan. In gedachten gaf ze Sonja een high five. Goed gedaan! Dat zal hem leren.

45

Neuriënd liep ze die middag de trap op naar haar appartement, waar ze Rogier voor haar deur aantrof. Hij zat op de grond, maar sprong op toen hij haar zag. Met een nerveuze glimlach wachtte hij tot ze voor hem stond.

'Fred is dood,' zei hij plompverloren. Aan zijn rode ogen zag ze dat hij gehuild had.

'Wat erg voor je.'

'En ik ga weg.'

'Weg? Waarheen?'

'Ik ga weer bij mijn ouders wonen en studeren.'

'Wat goed! Maar bij je ouders... ik dacht...' ze maakte haar zin niet af.

'Diergeneeskunde.' De grijns om zijn mond was veelzeggend.

'Ga je diergeneeskunde studeren? Dat is net iets voor jou. Wat leuk! En dan trek je weer bij je ouders in?'

'Ja, mijn moeder belde en we hebben gepraat. Ze wil heel graag dat ik weer thuiskom en ik denk ook dat dat beter voor me is. Mijn vader komt me over een paar dagen halen en dan ben ik hier dus weg.' Hij frunnikte wat aan de rits van zijn trainingsjack. Met zijn ongekamde haren en rode wangen leek hij nog maar een kleine jongen. 'Maarre... maar wat ik nog zeggen wilde...' Hij ademde diep in en keek haar aan, 'bedankt dat je mijn vriendin was. Het ging een tijdje niet zo goed met mij. Maar jij was heel aardig... en dat vond ik fijn. Dus...'

'Oké,' zei Elin zacht, geroerd door zijn eerlijkheid.

'Mag ik je nog eens bellen?' Met een hoofd als een tomaat probeerde Rogier haar aan te kijken, maar toen hij dat toch niet durfde, richtte hij zijn blik op de tl-buis boven in de hal.

'Bellen?'

'Eh... ja... misschien kunnen we een keer samen iets doen, of zo...'

Elin schudde haar hoofd. 'Beter van niet.'

'O.' Bedremmeld bleef hij even staan, maar toen hield hij het echt niet meer en spurtte de trap op naar zijn eigen appartement.

46

De repetitieruimte bruiste van de energie. Als warming-up voor de generale had Sirpa tikkertje voorgesteld en nu renden ze als gekken door het lokaal en over het podium. Maurits sprong over twee stoelen in een poging Kees te tikken, maar die gleed in een onhandige sliding achter de bank en was hem daarmee te snel af. Als een stier stoof Maurits op Jikke en Elisabeth af die gillend rondjes renden om het kamerscherm. Toen Maurits onverwacht van richting veranderde, viel Elisabeth recht in zijn armen. 'Ja! Jij bent 'm!' brulde hij trots, maar Elisabeth kon niet meer, ze zakte op haar knieën en stikte bijna van het lachen. Toen ze de tranen uit haar ogen had geveegd en weer op adem was, ging ze staan. 'Hè hè, dat is lang geleden, zeg. Wie speelt er nou nog tikkertje op z'n vierenvijftigste?' Ze wilde het opnieuw op een rennen zetten toen Sirpa haar met een handgebaar tegenhield. Nahijgend van het spel keek ze de groep rond.

'Is iedereen warm? Dan beginnen we aan onze generale! De doorloop van vorige week ging lang niet slecht, dus ik heb hoge verwachtingen. Jikke en Pirette heb ik deze week nog een aantal tekstwijzigingen gemaild. Dames, aan jullie de eer die nieuwe regels dadelijk in je spel te verwerken.' Jikke en Pirette knikten gedwee.

'Dan kan ik nog verklappen dat ik Tristan gisteren heb gesproken. Hij maakt het goed, is bijna volledig hersteld, en dus komt hij maandag beslist naar de première. Waarschijnlijk neemt hij twee bevriende regisseurs mee. Ik heb gehoord dat zij op zoek zijn naar spelers voor twee nieuwe stukken die in de stadsschouwburg opgevoerd gaan worden. Dat is natuurlijk geweldig, ik ga proberen een rol te bemachtigen. En als we nu maandag ons uiterste best doen, weet ik zeker dat ik een kans maak. O, en jullie misschien ook wel,' voegde ze nog snel toe. Ze wreef in haar handen van genoegen en keek naar het podium, waarop het meubilair schots en scheef stond. 'Kees en Dan, zetten jullie de boel nog even recht? Dan kan iedereen zijn plaats innemen en gaan we beginnen. Concentratie!'

Al na vijf minuten ging het mis. Kees kwam te snel op en stootte met zijn voet tegen een paar ski's dat schuin tegen de muur was gezet. Met een domino-effect vielen ook de andere ski's op de grond. Op zijn hurken begon Kees ze recht te zetten, ondertussen stug zijn regels opdreunend, maar het mocht niet baten: de ski's vielen weer om. Elin probeerde haar lachen nog in te houden, maar het beeld van die grote kluns die vanonder een berg ski's en met het zweet op zijn voorhoofd zijn regels opzei, was te grappig. Ze proestte het uit. Ook Jikke hield het niet meer. Haar aanstekelijke lach schaterde door de ruimte. En algauw lachten ze allemaal. Behalve Sirpa.

'Ja, genoeg!' riep ze geïrriteerd. 'Kees, leg die ski's maar neer. En onthoud dat we die voor de première nog vastspijkeren, anders gaat het weer fout. Iedereen terug, we beginnen van voren af aan. En nu serieus!'

Maar serieus werd het niet meer. Of het nu kwam door de ski's of door iets anders, Jikke had de slappe lach en kreeg er geen normaal woord meer uit. De anderen probeerden haar niet aan te kijken en zich op hun tekst te concentreren, maar er was geen houden meer aan. Gierend hing Jikke over een stoel en ook Elisabeth kwam niet meer bij. 'Hou op, hou op, ik pies in mijn broek,' piepte ze, waardoor de anderen nog harder moesten lachen.

Vanaf de zijkant van het podium keek Sirpa toe, haar blik op onweer. Elin zag dat ze zich omdraaide en het lokaal uit liep, naar de hal. Even later kwam ze het lokaal weer in en verdween ze naar de toiletruimte. Ze had iets in haar handen, maar Elin kon niet zien wat het was. Na een minuutje werd dat duidelijk. Sirpa had in de keuken een grote maatbeker gevonden en liep recht op Jikke af. Die hing nog steeds over de stoel en had niets in de gaten. Elin wilde haar waarschuwen, maar ze was te laat. Sirpa tilde de beker met beide handen omhoog en kiepte de klotsende inhoud in één keer over Jikkes hoofd. Met een gil viel deze op de grond, waar ze als een klein kind in elkaar kroop, haar armen beschermend over haar hoofd. Pas na een paar tellen keek ze op en zag ze Sirpa staan, de maatbeker in haar hand. Het was doodstil.

'Zo, heb ik nu jullie aandacht?' Sirpa klonk woedend. 'Ik probeer hier een generale repetitie te leiden en het enige wat jullie doen is lachen. Hoe kinderachtig is dat?' Met hoog opgetrokken wenkbrauwen keek ze de groep rond. Het leek alsof niemand wat durfde te zeggen, tot Jikke, van haar eerste schrik bekomen, zich herpakte. Met twee handen schoof ze haar druipende haren uit haar gezicht.

'En mij nat gooien is niet kinderachtig!? Ben je nou helemaal besodemieterd? Zoiets doe je toch n...'

'Hou je mond!' schreeuwde Sirpa. 'Stank voor dank, dat krijg ik van jullie. Ik werk me hier al weken de tyfus! Ik steek mijn nek uit, neem de regie over en red het stuk! Want het was bijna niet doorgegaan, of waren we dat vergeten? Ik zorg ervoor dat jullie spel nog érgens op lijkt, voor zover mogelijk, want ik zeg het eerlijk: jullie zijn echt een stelletje amateurs. Op dit niveau heb ik al jaren niet meer gespeeld. Het is niet voor niets dat ik de hoofdrol op me heb genomen! Ik geef al mijn tijd en energie en wat doen jullie, een week voor de première? Jullie kunnen het niet eens opbrengen een serieuze generale te spelen! Het lijkt verdomme wel een kleuterklas!'

Elin zag Sirpa staan: een heerseres over de groep, hyperdominant en egocentrisch, en ze wist dat ze dat nooit zou veranderen. Ze was nog precies zo'n vals serpent als tien jaar geleden. Sirpa's wil geschiedde, goedschiks of kwaadschiks, het verschil zag ze waarschijnlijk zelf niet eens meer. Als ze het ooit gezien had. En terwijl ze naar Sirpa keek, voelde ze een weldadige rust over zich neerdalen. Een rust die kwam met het besef dat sommige dingen gaan zoals ze moeten gaan. Dat Sirpa niet voor niets haar pad weer had gekruist. En dat het aan haar, Elin, was, te kiezen hoe ze daarmee zou dealen.

'Nou, als niemand iets te zeggen heeft, dan stap ik toch lekker op? Dan kap ik ermee en kunnen jullie de première op je buik schrijven. Zonder mij als Medusa bestaat dit stuk niet.' Uitdagend zette ze haar handen in haar zij. Het was een test, dat was overduidelijk, want Sirpa zou de hoofdrol nooit laten schieten. Maar ze wilde het horen. Ze wilde de anderen horen zeggen dat ze niet zonder haar konden. Dat ze haar nodig hadden, als ster van de show.

'Nou, nou, laten we niet zo hard van stapel lopen,' begon Kees op sussende toon. 'Natuurlijk willen we graag dat je blijft.'

Sirpa zei niets, maar richtte haar priemende blik op Pirette, die daardoor haast ineenkromp. 'Eh... ja...' zei ze zenuwachtig, 'ik ook, hoor.'

Nu was het Jikkes beurt. Mokkend staarde die naar de

grond. 'Best. Als je maar weet dat ik na dit stuk niets meer met jou te maken wil hebben.'

Sirpa haalde luid haar neus op. 'Waarvan akte.'

Elisabeth, Dan en Maurits knikten ook, ten teken dat Sirpa moest blijven. Elin had zich bewust stil gehouden. Ze wachtte tot Sirpa haar aankeek en de vraag stelde.

'En Elin, laat jij je ook eens horen. Ben ik hier maandag Medusa?'

Alle blikken waren nu op haar gericht en voor de eerste keer in haar leven zag Elin dat als een aanmoediging. Ze keek Sirpa recht aan en voelde een enorme bevrijding toen ze haar antwoord gaf. 'Zeker weten.'

47

Woensdagmiddag reed ze in Daniëls auto, die ze die ochtend bij zijn oom had opgehaald, naar de Valkenberg Kliniek. Oom Gregoor had haar hartelijk begroet en zonder vragen de autosleutel overhandigd. Elin was er blij mee; met de auto kon ze haar eigen tijd bepalen en was ze zeker twee keer zo snel bij de kliniek. In de deuropening van de bezoekruimte stond Daniël haar al op te wachten. Elin zag dat hij bijna uit elkaar spatte van enthousiasme. Als het niet tegen de regels was geweest de kamer zelfstandig te verlaten, was hij ongetwijfeld op haar afgevlogen. Nu stak hij zijn hand uit en trok haar de kamer in. Daar gaf hij haar een zoen op haar wang. Die had ze niet aan zien komen, en ze moest haar best doen om Daniël niet weg te duwen. Hij keek haar stralend aan, gaf bijna licht.

'Hoi Daniël, hier ben ik weer.'

Hij knikte.

'Ik ben met de auto, met jouw auto. Fijn hoor, bedankt dat ik hem mag lenen.'

Hij knikte opnieuw heftig.

'Zeg, ben je je tong verloren, of zo?'

'Nee nee! Maar het is zo goed je weer te zien, ik wil er niets van missen. Alles in me opnemen, alles, dan kan ik weer dagen vooruit.' Doordringend staarde hij haar aan.

'O.' Elin deed wat stappen achteruit en keek zogenaamd belangstellend naar het schilderij aan de muur. Niet bang zijn, zei ze in zichzelf. Hij is gek, maar kan je hier niets maken. Er is een verpleger in de kamer, je bent niet alleen. Denk na, waar ga je het over hebben? Toneel. Oké.

'Hé, weet je nog dat we het zaterdag over dat toneelstuk hadden waar ik in speel?'

'Ja, natuurlijk!'

'Wil je me nog steeds helpen met de tekst?'

Hij knikte en stak zijn vinger in de lucht. Met een geheimzinnige blik liep hij achteruit naar het raam, schoof het gordijn opzij en haalde twee boeken tevoorschijn die hij op de vensterbank had verstopt. Trots hield hij ze omhoog. *Griekse sagen en mythen*, las Elin op het ene exemplaar en het andere was een dichtbundel van Shelley.

'Uit onze bibliotheek!'

'Wat goed!' Elins blijdschap was slechts ten dele gespeeld. 'Je hebt je voorbereid.'

'Ja, ik heb Medusa bij Grieks gehad, maar het meeste was ik vergeten. Nu ben ik weer helemaal bij. En weet je wat zo leuk is?'

'Nou?'

'Ik heb ook een rol in jouw toneelstuk!'

'Echt waar? Hoe dan?'

'Nou, jij speelt Athena, en in de mythe van Medusa wordt Athena bijgestaan door Perseus. Ik ga jou nu helpen, dus ik ben jouw Perseus!' Daniël lachte lang en hard.

Ongemakkelijk lachte Elin mee. 'Natuurlijk! Leuk zeg.'

'Dus, Athena, waar zullen we beginnen?' vroeg Daniël.

Elin nam plaats in een van de fauteuils. 'Ehm... eens kijken...' zei ze, maar ze werd afgeleid door Daniëls blik. Met opgetrokken wenkbrauwen en grote ogen keek hij haar aan. Ze schrok ervan.

'Wat is er?'

'Perseus! "Ehm... eens kijken, Perseus" moet je zeggen. Dan is het pas echt!'

Met een theatraal gebaar sloeg Elin haar hand tegen haar voorhoofd. 'O, wat dom van me, natuurlijk... Perseus.'

Daniël knikte tevreden en ging pal tegenover haar op de salontafel zitten. De boeken legde hij op haar schoot. Hij zat veel te dichtbij en ze moest zich bedwingen om niet op te springen en naar het andere eind van de kamer te lopen. Ze keek langs hem heen en concentreerde zich op het raam.

'Onze regisseur vindt dat ik niet altijd even geloofwaardig overkom, weet je nog? Ik ken de tekst uit mijn hoofd, dus daar ligt het niet aan. Het heeft met inleven te maken, denk ik. Zo is er bijvoorbeeld een scène waarin ik in een spiegel moet zeggen dat ik Medusa ga vermoorden. En dat schijn ik niet helemaal geweldig te doen.' Met een sip gezicht keek ze naar Daniël. 'Heb jij daar ideeën over, Perseus?'

Daniël had serieus naar haar geluisterd. 'Je inleven is niet moeilijk. Je karakter heeft zo veel kanten dat je van iedere persoonlijkheid wel iets in je draagt. Zo kan ik een kleine jongen zijn, maar ook een herrieschopper, een minnaar, een soldaat, een dienaar, noem maar op. De truc is om precies dat deeltje van jezelf aan te spreken dat je nodig hebt voor je rol en het naar buiten te laten komen.'

'Wat weet je dat goed.'

'Ja, soms doen we hier aan speltherapie en dan praten we over dit soort dingen. Dat je bestaat uit heel veel deeltjes en hoe je daaruit je beste zelf samenstelt.' Hij trok een grimas en rolde met zijn ogen. 'Te zweverig, als je het mij vraagt, maar goed, het komt nu wel van pas.'

Hij schoof wat naar achteren en schraapte zijn keel. 'Zal ik eens wat proberen?'

Elin knikte en op slag zag ze Daniëls gezicht betrekken. Hij beet zijn kaken stevig op elkaar en trok zijn mond strak. Zijn ogen werden donker. Alsof hij in een spiegel keek, fixeerde hij zijn blik op een vast punt op de muur. Zijn hele houding kreeg iets onheilspellends, en Elin hield haar adem in.

'*En dan is het zover. De dag des oordeels is aangebroken. Vandaag neem ik, Perseus, het lot zijn werk uit handen, beslis ik over mijn leven en kies ik voor jouw dood. Medusa, met jouw schoonheid verberg je jouw verdorven ziel. Je ogen betoveren en je mond verleidt. Velen hebben in jou hun tragisch einde gevonden, maar dat stopt nu. Met mijn zwaard verlos ik de wereld van jouw bedrieglijke karakter. En omdat jou een hart ontbreekt dat ik doorklieven kan, scheid ik van jouw duivels lichaam jouw hoofd. Opdat jij jouw naasten en hen die jou vreemd zijn, nooit meer pijnigen zult.*'

Met een loeiharde dreun op de tafel eindigde Daniël zijn monoloog. Elin had gefascineerd naar hem gekeken en geluisterd. Bij de eerste zin had ze zich nog afgevraagd of hij de tekst uit een van de boeken had overgenomen of ter plekke verzon, maar algauw raakte ze elke gedachte kwijt en kon ze alleen maar kijken naar zijn zwarte ogen en zijn strenge mond. Hij kondigde een moord aan zonder een greintje twijfel, en ondanks de ouderwetse taal zo levensecht dat ze er kippenvel van kreeg. De dreun kwam onverwacht. Ze schoot naar achter in haar stoel en sloeg haar handen voor haar mond. Daniël richtte zijn blik op haar en ze werd doodsbang. De Daniël die nu voor haar zat, had ze eerder gezien: op de dag dat hij haar de littekens had toegebracht. Ze opende haar mond om te gillen, maar zag nog net hoe hij zijn houding liet varen en weer de enthousiaste puber werd die hij was toen ze binnenkwam.

'Deed ik het goed?'

Elin haalde diep adem en schudde de angst van zich af. 'Ja, heel goed.' Ze probeerde te slikken, maar haar keel was te droog. 'Van die overtuiging van jou kan ik nog wat leren.'

Daniël liet zich achterover op de salontafel vallen en begon te lachen. Harder en harder, hij hield niet meer op. Elin wist zich geen raad en keek verward naar de medewerker in de hoek van de kamer. Die maakte een geruststellend gebaar en tikte op zijn borst ten teken dat hij het zou afhandelen. Hij liep naar de tafel en tilde Daniël op, als een klein kind. Hij droeg hem de kamer uit, de hal in en zette koers naar de lange gang met de patiëntenkamers. Elin keek hen na en hoorde Daniëls hysterische lach door de gang galmen. Ze wreef over haar armen om ze warm te maken en liep ook de hal in, naar de grote trap. Er was nog iemand in deze kliniek die ze dringend moest spreken.

48

'Mevrouw Van Driel, goed u weer te zien. Kom verder.'

Dokter Verhoeven ging haar voor en nodigde haar met een armgebaar uit plaats te nemen in het zitje in de hoek van zijn kamer. 'Ik probeer minder koffie te drinken en heb mijn apparaat de deur uit gedaan. Nu drink ik thee. Lust u ook een kopje?'

Elin knikte, maar had nauwelijks gehoord wat hij zei. De zenuwen in haar buik maakten het moeilijk om normaal te doen. Er hing zo veel van dit gesprek af. Als ze haar zin niet kreeg, viel haar hele plan in duigen. Dat mocht niet gebeuren.

'Vertel eens, wat kan ik voor u betekenen?'

'Nou, ik wilde u iets vragen over Daniël. Ik heb hem nu een paar keer bezocht en het gaat heel goed met hem. En ik merk dat het mij ook goed doet hem te zien. Alleen, we zitten steeds maar in die bezoekruimte en nu vroeg ik me af of het mogelijk was om ook eens ergens anders heen te gaan. Ik zou hem bijvoorbeeld graag mijn huis laten zien. Nu zag ik op de website van deze kliniek dat cliënten van tijd tot tijd weekendverlof krijgen. Kan ik dat voor Daniël aanvragen?' Met haar vriendelijkste glimlach keek ze de dokter aan. Haar handen had ze onder haar benen gestoken in de hoop dat hij niet zag hoe ze trilde.

Dokter Verhoeven nam een slok van zijn thee en zette het

kopje op tafel. Hij kuchte. 'In de verslagen van mijn medewerkers heb ik gelezen dat uw bezoeken aan Daniël inderdaad steeds goed zijn verlopen. Als ik daaruit allereerst mag concluderen dat u baat hebt bij dit hernieuwde contact, stemt dat tevreden. Van alle mensen die hier, net als u, iemand bezoeken die hen heeft beschadigd, lukt het maar een enkeling om te vergeven en rust te vinden. Het is fijn te zien dat u daarin bent geslaagd, of in iedereen geval goed op weg bent.'

Elin lachte flauwtjes. Het leek haar beter hier niet op in te gaan en de dokter te laten praten.

'Anderzijds kunnen we niet ontkennen dat uw bezoek Daniël helpt. Ik heb hem nog niet eerder zo goedgehumeurd gezien. Hij heeft nog geen uitval gehad, is er voortdurend helemaal bij en scherp ook. U hebt al gemerkt dat fixatie tijdens de bezoekuren niet meer nodig is. Als dit zo aanhoudt, overweeg ik zijn medicatie terug te brengen naar een lagere dosering. Maar laten we niet te vroeg juichen, ik zie dit graag nog een tijdje aan.' Hij pauzeerde even en tikte met zijn vinger tegen zijn neus.

'Wat uw verzoek betreft, mevrouw Van Driel, kan ik mij voorstellen dat de bezoekruimte op den duur wat gaat benauwen. Voor bezoekers die hier regelmatiger komen, stellen wij ook onze bibliotheek beschikbaar. En bij mooi weer bent u vrij een wandeling te maken over ons terrein. Maar van een weekendverlof is in het geval van Daniël absoluut nog geen sprake.'

Bam. Die laatste zin kwam hard aan. Absoluut geen sprake van verlof. Afspreken in de bieb of in de tuin, daar had ze dus helemaal niets aan! Daniël moest mee naar huis! Ze voelde een heftige paniek opkomen, maar het lukte om er niet aan toe te geven. Ze balde haar vuisten onder haar benen en sprak zichzelf toe: blijf rustig!

'Een wandeling is een goed idee.' Ze forceerde een glimlach. 'Ik zal dat de volgende keer aan Daniël voorstellen. Maar ik ben ervan overtuigd dat het hem ontzettend goed zou doen als hij dit pand en dit terrein mag verlaten. Dat hij de gewone wereld weer eens ziet, om het zo maar even te zeggen. Daarin moet hij straks toch weer kunnen functioneren, nietwaar? Misschien is een weekend inderdaad nog te voorbarig, maar een dag zal toch wel mogelijk zijn? Ik zou hem 's ochtend kunnen ophalen en voor de avond weer hier afleveren. Wat vindt u dáárvan?'

Dokter Verhoeven had rustig naar haar betoog geluisterd. Met zijn benen over elkaar en zijn armen op de stoelleuningen, deed hij haar weer aan haar opa denken. En net als vroeger, toen haar opa geduldig had gewacht totdat ze een schaakstuk op het bord had verschoven, wist ze al voor hij iets ging zeggen dat ze verloren had.

'Het is bewonderenswaardig dat u zich zo voor Daniëls welbevinden inzet,' begon hij, 'maar dit is helaas geen kwestie waarover ik onderhandel. We mogen blij zijn met de vooruitgang die Daniël boekt. Maar vergis u niet, bij het minste of geringste kan hij weer omslaan. Een dag in de gewone wereld, zoals u het omschrijft, kan funest zijn. De veelheid aan prikkels waaraan hij dan wordt blootgesteld, kunnen hem voor maanden de das omdoen. Dus het spijt me, mevrouw Van Driel, dat ik u niet verder kan helpen op dit moment. Hebt u nog meer vragen?'

Elin kon niets meer uitbrengen. Ze schudde haar hoofd, stond op en liep naar de deur. Aarzelend keek ze nog om, maar toen ze zag dat de dokter bleef zitten en haar onderzoekend nakeek, opende ze snel de deur en stapte de gang op.

49

Donderdagochtend zat Elin al vroeg in de auto. Het was nog donker en het regende. Gedachteloos tuurde ze langs de zwiepende ruitenwissers naar de weg voor haar. Ze had die nacht geen oog dichtgedaan en was gebroken. Dokter Verhoeven had met zijn weigering om Daniël mee naar huis te laten gaan, haar plan doorkruist. De hele nacht had ze gepiekerd over een manier om hem toch de kliniek uit te krijgen, maar dat had niet tot een concreet idee geleid. Daniël moest mee, dat stond vast. De tijd om actiepunt vier en vijf in te lossen was aangebroken. Hier had ze al die tijd naartoe gewerkt en er was geen weg meer terug. Ze had haar vriendin het huis uit gezet, ze had zich verzet tegen de wensen van haar moeder en ze had haar baas een lesje geleerd. Hoewel de opdrachten steeds moeilijker werden, voelde ze dat ze sterker werd en dat dingen waaraan ze vroeger nog niet had durven denken, haar makkelijker af gingen. Haar metamorfose was in volle gang. Als ze nu niet doorpakte, was alles voor niets geweest en ze zou niet weten wat ze dan moest. Op de oude voet verder? Als de lieve en passieve Elin die zichzelf wegcijferde voor Jan en alleman? Dat kon ze niet meer, dat wilde ze nooit meer.

Vroeg in de ochtend, onder een hete douche, had ze besloten dat ze weer naar de kliniek zou gaan. Ze hoopte dat Daniël aanspreekbaar was, al kon ze daar na zijn hysterische lachbui van gisteren niet van op aan. En dan moest ze ook nog het geluk hebben dat ze hem mocht zien. Haar vorige bezoeken had ze steeds aangekondigd, zoals het protocol van de kliniek voorschreef, maar vandaag ging ze op de bonnefooi. Als Daniël in een of andere sessie zat, kon ze wachten. Ze zou zich in ieder geval niet weg laten sturen zonder hem gesproken te hebben. Ze kneep haar nagels in het stuur, klemde haar kaken op elkaar en drukte het gaspedaal dieper in.

Het duurde lang voordat er iemand op haar geklop reageerde. De dame in mantelpak was er blijkbaar nog niet, want toen de deur geopend werd keek ze recht in het norse gezicht van een mollige man. Zonder begroeting stelde hij precies de vraag die ze nog even had willen omzeilen.

'Hebt u een afspraak?'

'Ja... ik kom voor Daniël Spekkoper.'

'Daar staat niets van in het planboek.' Hij aarzelde, maar opende toen toch de deur. 'Kom maar verder, dan zal ik even bellen. Er is nog bijna niemand.'

Elin liep de hal in en zag de man in een kamertje verdwijnen. Haar leugen zou nu snel ontdekt worden. Ze keek om zich heen en zag naast de trap naar boven de lange gang met aan weerszijden de patiëntenkamers. Wat het was kon ze niet duiden, maar iets zei haar dat ze daar moest zijn. Zonder er verder over na te denken, sloop ze op haar tenen langs de kamer met de bellende man. Hij zag haar niet. Eenmaal langs de kamer rende ze de gang in en sloot de deur achter zich om te voorkomen dat ze gezien zou worden als iemand de gang in keek. Naast de eerste deur hing een bescheiden naambordje met in sierlijke letters *K. de Koning*. Snel liep ze door, speurend naar Daniëls naam. Bijna achteraan, aan de linkerkant, vond ze die eindelijk. Ze keek of niemand haar in de gaten had, maar de gang was leeg. De man zou haar inmiddels wel missen. Misschien denkt hij dat ik weer naar buiten ben gegaan, dacht ze, om meteen haar auto voor zich te zien, die haar aanwezigheid verried. Niet aan denken, we zien wel waar het schip strandt. Ze klopte drie keer op Daniëls deur. Geen reactie. Voorzichtig legde ze haar oor tegen de deur. Heel zacht hoorde ze een rustige ademhaling. Hij sliep nog. Ze klopte iets harder op de deur. Dat had effect; de ademhaling stopte en er kraakte iets.

'Daniël,' siste Elin.

Ze hoorde dat hij opstond en bij de deur ging staan.

'Daniël!' riep ze nog eens, wat harder.

'Elin?'

'Ja, ik ben het. Ik moet je spreken.'

'Wat is er?'

'Weet je nog dat ik zei dat je iets voor me kunt doen? Dat je me kunt helpen?'

'Ja.'

'Ik heb je nodig, Daniël.'

'Dat is goed. Ik heb alleen de hele ochtend therapie en dan lunchen we gezamenlijk. Wacht je tot vanmiddag?'

'Ik...' Maar verder kwam ze niet. Aan het begin van de gang ging de deur open en de mollige man zond haar een niet mis te verstane blik. Ze schonk hem haar liefste lach en stak haar handen ter overgave in de lucht. Voor ze terugliep draaide ze snel haar hoofd naar Daniëls deur. 'Ik wacht,' fluisterde ze en een paar stappen verder hoorde ze nog net een zachte klop op de deur. Daniël had haar begrepen.

50

Na een preek over de reglementen van de kliniek en een strenge waarschuwing voor het geval ze nog eens iets van plan was, werd Elin door de mollige man naar buiten begeleid. Ze was in haar auto gaan zitten en wachtte. Het eerste uur was er niets te zien, maar naarmate de ochtend verstreek reden er steeds meer auto's af en aan. Medewerkers, leveranciers en een enkele bezoeker passeerden haar auto. In het dashboardkastje vond ze een pak Sultana's, ruim over de datum, maar nog best te verteren. Ze wachtte tot haar horloge half twee aanwees. Over een kwartier mocht ze Daniël bezoeken. Dat had ze afgesproken met de dame aan de telefoon die ze een paar uur geleden vanuit de auto had gebeld. Dit keer kon ze met een gerust hart aankloppen, haar afspraak stond in het planboek.

'Mevrouw Van Driel, goedemiddag.' De dame in mantelpak keek wat minder vriendelijk dan de vorige keren dat ze voor Elin de deur had geopend; haar collega had haar ongetwijfeld verteld wat er die ochtend was voorgevallen. Het kon Elin niets schelen. Zwijgend liep ze achter de vrouw aan naar de bezoekruimte, waar Daniël al op haar wachtte. Met een afwerend gebaar van haar hand liep ze hem voorbij naar de assistent, die zijn vertrouwde positie bij het raam al had ingenomen.

'Ik zou Daniël graag in de bibliotheek spreken,' zei ze tegen de man. 'Dokter Verhoeven heeft gezegd dat dat mag. Kunt u ons daar nu naartoe brengen?'

De man leek te twijfelen. Hij keek van Elin naar Daniël en toen op zijn horloge. 'Dat moet u eigenlijk vooraf melden.'

'O, dat wist ik niet. Sorry, ik zal het de volgende keer zeker doen,' zei Elin terwijl ze vriendelijk glimlachte en met haar hand een lok haar naar achteren streek.

Hij zwichtte. 'Goed dan.' Met een hoofdknik nodigde hij hen uit hem te volgen.

Elin had de bibliotheek nog niet eerder gezien, maar toen ze achter de assistent aan naar binnen liep, zag ze dat de ruimte eruitzag zoals ze had gehoopt. De bezoekruimte bood geen enkele gelegenheid om je af te zonderen of ook maar een woord te wisselen zonder dat de aanwezige medewerker je hoorde. Hier was dat anders. Vijf rekken met boeken stonden dwars op de muur van de grote rechthoekige ruimte, zodat er zes korte inloopjes waren ontstaan waarin je je, al was het maar even, aan het zicht kon onttrekken.

Ze zag dat de assistent zijn positie innam bij de deur en zelf liep ze naar het midden van de zaal. 'Goh, wat een grote bibliotheek. Daar treffen jullie het maar mee. Best een behoorlijke collectie. Had je hier die dichtbundel van Shelley vandaan?'

Daniël liep achter haar aan en haalde zijn schouders op. 'Ja, ik denk dat er nog wel meer van hem staat. Moeten we even bij de S kijken.'

Samen liepen ze een van de gangetjes tussen de boekenrekken in. Elin knipoogde naar Daniël en hij grijnsde terug, ze wist dat hij begreep wat haar bedoeling was. Tussen de rekken konden ze praten zonder dat de assistent hen zag of hoorde, maar om geen argwaan te wekken moesten ze er niet te lang blijven staan. Als ze af en toe een ander rek bezochten en zichzelf even lieten zien, zouden ze geen vreemde indruk maken. Aan een ander had ze dit zonder woorden niet uit kunnen leggen, maar ze kende Daniël en hij kende haar. Samenzweerderig legde ze een hand op zijn schouder.

'Ik ben bij Verhoeven geweest,' fluisterde ze.

Hij knikte.

'Ik heb gevraagd of je mee mag op verlof naar mijn huis, maar hij vindt het niet goed.'

Ze zag dat hij kleurde en voelde opeens zijn hand op haar rug.

'Wil je dat ik bij jou thuis kom?' vroeg hij, en zijn ogen schitterden.

Ze knikte en stapte achteruit toen ze de assistent hoorde kuchen.

'O ja, hier, zie je wel, een hele rij van Shelley,' zei ze wat harder. 'Heb je deze ook gelezen? Die kan ik je echt aanraden, erg mooi.'

Ze wenkte Daniël en nonchalant liepen ze om het rek heen het volgende gangetje in. Daar trok ze hem snel weer naar zich toe.

'We mogen dus wel in de bieb en ook naar buiten, maar alleen hier op het terrein. En ik wil je juist mee naar huis nemen, want dan kan ik zeggen waarvoor ik je nodig heb.'

'Kan dat niet hier?' fluisterde Daniël.

Ze schudde haar hoofd. 'Je moet mee, maar ik weet niet hoe.'

Samen liepen ze weer een rij verder, waar ze lukraak een boek uit het rek trokken om er quasi geïnteresseerd in te bladeren.

'Kun je zondag weer komen?' vroeg Daniël zacht.

'Zondag? Hoezo?'

'Dan is het hier rustig. Een groep gaat onder begeleiding op zondagochtend naar de kerkdienst in het dorp. Ik ga niet elke keer mee, dus het zal niet opvallen als ik nu ook hier blijf. Als we dan een wandeling over het terrein maken, moet het lukken in de auto te stappen.'

Dat was het. Simpel, maar doeltreffend. Het enige wat ze moest doen, was vooraf een wandeling aanvragen. Als het in het planboek stond, kon niemand er moeilijk over doen. Ze knikte naar Daniël en stak haar duim omhoog. Hij pakte haar hand en kneep erin, kon zijn geluk niet op. Zondag moest het gebeuren. Ze slikte, het kwam allemaal wel heel dichtbij.

51

Afscheid nemen zonder te zeggen dat je afscheid neemt, is niet makkelijk. Dat merkte Elin toen ze vrijdag op haar werk achter haar computer net deed of ze bezig was. Over een paar dagen zou alles anders zijn. Hoe wist ze niet, maar radicaal anders, dat was zeker. Dit was de laatste dag op haar werk, de laatste keer dat ze haar collega's zag. Jammer, ze had het er naar haar zin gehad en ze was nieuwsgierig naar wat er met het bedrijf ging gebeuren. Over haar schouder zag ze Carolijn druk tikken op haar toetsenbord. Ze liep naar haar toe.

'Hé, hoe gaat het?'

Carolijn keek op en lachte. 'Goed! Met jou?'

'Kan ik je even spreken?'

'Huh?'

'Buiten?'

Carolijn stond op en liep mee naar de parkeerplaats achter het kantoor. Daar keek ze Elin vragend aan.

'Weet je al iets over de verkoop?' begon Elin.

'Eh... ja, er schijnt volgende week iemand te komen kijken. Dat heb ik in Johns agenda zien staan, maar verder weet ik niets. Hoezo?'

'O... ik was benieuwd.' Elin hield even stil, zocht naar woorden. Toen pakte ze Carolijn bij haar arm. 'Niets vragen. Het is beter dat je niets weet. Ik wilde alleen zeggen: bedankt. Je bent een toffe collega. En je werkt veel te hard! Niet doen hoor, vooral niet voor zo iemand als John. Zorg goed voor jezelf.'

Carolijn kneep haar ogen samen. 'Ga je weg?'

'Ik kan er niets over zeggen. Sorry. Maar bedankt, oké?'

Carolijn knikte. De duizend vragen die op haar lippen brandden, slikte ze in. Samen liepen ze weer naar binnen, waar Carolijn aan haar bureau ging zitten en verder tikte, alsof er niets aan de hand was. Elin keek om zich heen, zag haar collega's aan het werk, bellend, pratend en schrijvend en ze voelde dat ze er niet meer bij hoorde. Ze was hier klaar. Ze liep naar haar computer om die uit te zetten, maar bedacht zich en liet hem aan. Ook haar etui, de foto van haar en Pascalle, proostend met twee glazen champagne, en haar dropjespot liet ze staan. Ze trok haar jas van haar stoel en ging weg. Niemand zag haar gaan.

Onderweg naar huis stroomden de tranen over haar wangen. Ze was alleen, kon haar verhaal met niemand delen en dat deed pijn. 'Kop op, Elin,' zei ze hardop tegen zichzelf. 'Dit is shit, maar je moet erdoorheen. Je neemt afscheid van je oude bestaan en dat is gewoon moeilijk. Maar hou vol, het komt goed. Je bent er bijna. Nog een paar dagen. En dan begin je met een nieuw leven, in de zon. Het komt goed, hou vol, hou vol.' Als een mantra bleef ze die laatste zin herhalen, op het ritme van het rondtrappen van haar pedalen, tot ze thuis was en de tranen van haar wangen wreef. 'Klaar! Nu naar boven en iets gezonds eten. Je moet sterk blijven, aan een slappe hap hebben we niets.'

In haar keuken sneed ze twee kiwi's, een banaan en een appel in partjes. Toen ze voor het raam de partjes met een vork naar binnen prikte, zag ze op straat een auto met een aanhangwagen. Rogier tilde met de man die ze herkende van de foto in zijn donkere kamertje, een tafel op de kar. De tafel paste er nog net op, de meeste ruimte werd ingenomen door negen langwerpige kratten. Voor zover Elin kon zien, zaten er geen naambriefjes meer aan. Ze vroeg zich af of Rogiers vader wist wat hij vervoerde. Hij spande twee grote elastieken over de lading en stapte in de auto. Rogier liep naar de passagierskant en trok het portier open. Opeens keek hij naar boven. Elin zwaaide. Op Rogiers gezicht verscheen een grijns. Met zijn hand tikte hij kort zijn mond aan om haar een kushand toe te werpen. Toen stapte ook hij in en klapte het portier dicht. Elin keek de auto na tot hij aan het einde van de straat uit het zicht verdween.

52

'Met Sirpa Karstens.'
 'Dag Sirpa, met Elin van Driel.'
 Stilte. 'Elin? Ja, wat is er?'
 'Ik wil je wat vragen.'
 'Ja?'
 'Eh... het klinkt misschien gek, maar ik wil vragen of je morgenavond even naar de Oude Haven wilt komen. Ik moet je wat vertellen.'
 'Morgenavond? Waarom? We zien elkaar toch maandag op de première, om vier uur verzamelen we al.'
 'Nee, dat kan niet, dan zijn de anderen erbij. Ik wil je graag even alleen spreken.'
 'O, ja, en kan dat nu dan niet? Zeg het maar.'
 'Nee, niet over de telefoon... Nou goed, misschien is het handig als ik het iets meer uitleg. Niet veel mensen weten dit van mij, dus ik hoop dat je het voor je houdt, maar ik ga iedere week naar een psycholoog.'
 'O.'
 'Ja, ik zit met wat kwesties en het helpt enorm om daarover te praten. Een van de onderwerpen heeft te maken met onze middelbareschooltijd. En omdat jij mij van vroeger kent, zou het mij goed doen als ik een paar zaken met jou kan doornemen.'

'O, zoals wat?'

'Ja, dat doe ik dus liever *face to face*. Dat adviseert mijn psycholoog ook.'

Stilte. 'Tja, is dat nou echt nodig?'

'Alsjeblieft, Sirpa? Je kunt het je misschien niet voorstellen, want jij hebt alles voor elkaar. Jij bent sterk, je doet wat je wilt en iedereen bewondert jou. Zo ben ik niet, dat weet jij ook. Ik ben nooit sterk geweest, maar ik probeer daar nu wat aan te doen. Als ik even met je kan praten, denk ik dat ik ook een betere Athena kan zijn.'

Zucht. 'Nou, vooruit. Ik ben er om zeven uur.'

'Heel fijn! Ik denk dat De Oude Haven dicht is op zondagavond, maar jij hebt een sleutel, toch?'

'Ja, van Tristan gekregen. Goed, ik zie je om zeven uur precies in ons repetitielokaal.'

'Bedankt. Tot morgen.'

'Oké.'

53

Zondagochtend klokslag elf uur liet Elin de zware klopper op de voordeur van de Valkenberg Kliniek vallen. Haar gezicht was krijtwit, in schril contrast met de donkere kringen onder haar ogen. Ze had zichzelf die nacht gedwongen op bed te blijven liggen om haar lichaam rust te geven, maar slapen was geen seconde gelukt. Starend naar haar wekker had ze de minuten voorbij zien kruipen tot het tijd was om op te staan, te douchen, te ontbijten en in de auto te stappen. Mechanisch had ze die stappen doorlopen, als een robot die niet zelf na kon denken. Nadenken durfde ze niet, uit angst dat ze zichzelf alsnog een halt toe zou roepen en alles op deze dag, die een mijlpaal moest worden in haar levensloop, op het laatste moment zou verpesten. Waarmee alles bij het oude zou blijven en ze voor altijd een slachtoffer zou zijn, gedomineerd door iedereen met een sterkere wil.

Over de schouder van de gastvrouw die de deur opende, zag ze Daniël, midden in de hal met een paraplu in zijn hand en wandelschoenen aan. En volkomen onverwacht werd ze overvallen door een gevoel van medelijden. Was ze niet te hard voor hem? Kon ze hem dit wel aandoen? Hij had haar mishandeld, maar kon ze hem dat aanrekenen of was zijn ziekte verantwoordelijk? Ze twijfelde en besloot in een opwelling hem een laatste escape te bieden. Toen hij naast haar stond en de deur achter hen in het slot viel, keek ze hem ernstig aan.

'Daniël, luister goed, ik moet dit één keer zeggen. Als je met mij meegaat, is er geen weg terug. Wat er staat te gebeuren is groter dan je nu beseft. Weet je zeker dat je dit wilt?'

'Ik ga met je mee,' zei hij simpelweg en daarmee schoof hij haar twijfel resoluut opzij. Samen stapten ze het grindpad op dat naar de beeldentuin achter de kliniek leidde. Halverwege verlieten ze het pad en slopen ze door het struikgewas terug naar de parkeerplaats, waar Elin Daniëls auto uit het zicht van de kliniek had neergezet. Zonder problemen reden ze de oprijlaan af, door de toegangspoort, en via de provinciale weg naar het zuiden, naar Elins huis.

'Als ik over twee uur niet terug ben, slaan ze alarm,' zei Daniël.

'Wat doen ze dan?'

'Pfff, in het planboek staat dat jij een wandeling hebt aangevraagd, dus ik denk dat ze jou bellen om te vragen waar ik ben.'

'Dan zeg ik toch dat we ruzie kregen in de beeldentuin en dat ik jou daar heb achtergelaten. Laat ze maar lekker het terrein afspeuren, daar zijn ze wel even mee zoet.'

Daniël grinnikte. 'Psychiatrisch patiënt ontsnapt uit kliniek. O, o, dat is niet goed voor de reputatie van Valkenberg.'

'Precies. Het zal zeker tot vanavond duren voor ze de hulptroepen inschakelen om jou op te sporen. Dat geeft ons voldoende tijd.'

'Tijd waarvoor?'

Uit haar ooghoeken zag ze zijn glunderende blik. 'Dat vertel ik later.' Ze zette de radio aan en hield haar blik strak op de weg gericht. Daniël begreep de hint en vroeg de hele weg niets meer.

54

Daniël keek zijn ogen uit. Uitgebreid inspecteerde hij de keuken, de slaapkamer, het kleine kamertje waar Pascalle had gebivakkeerd en de woonkamer, om te eindigen bij haar boekenkast.

'Geweldige stek, zeg, dat heb je voor goed voor elkaar,' zei hij met bewondering.

Elin hoorde het nauwelijks. Ze zat op de bank en probeerde een hevige buikpijn te negeren, omdat ze wist dat die van de zenuwen kwam. Nu Daniël hier was, in haar appartement, naderde het moment waarop ze hem moest vertellen wat hij ging doen met rasse schreden. En hoe ze het ging zeggen, wist ze niet. Ze had geen idee. Ze had alle gedachten aan dat gesprek bewust uit haar hoofd verbannen, want stel dat hij het niet wilde doen? Stel dat hij haar voor gek verklaarde? Of boos werd dat ze hem zoiets durfde te vragen. Het was onmogelijk te voorspellen hoe hij zou reageren en die onzekerheid maakte haar doodnerveus.

'Mag ik een glas wijn?' Daniël had een keukenkastje geopend en hield een fles rode wijn omhoog.

'Wat? Wijn? Nu?'

'Ja, lekker. Weet je hoe lang ik al geen wijn heb gedronken? Of überhaupt iets alcoholisch? Daar doen ze niet aan, hoor, in de kliniek. Mag deze open? Wil je ook een glas?'

Ach, waarom ook niet? Misschien was het wel prettig, verdwenen de zenuwen een beetje. Ze knikte en nam een paar tellen later een glas aan dat Daniël niet te zuinig had gevuld.

'Proost,' zei hij tevreden, 'op ons.' Hij nam twee grote teugen en sloot zijn ogen om te genieten van de smaak. Toen ging hij naast Elin op de bank zitten, sloeg zijn arm om haar heen en zoende haar vol op haar mond. Ze schrok zich wild en duwde hem in een reflex ruw van zich af. 'Wat doe je nou?!' riep ze uit en ze ging staan.

Daniël zakte terug in de bank en nam nog een slok van zijn wijn. Hij glimlachte fijntjes.

'Ik heb jou wel door, Elin,' zei hij toen. 'Of dacht je dat ik niet gezien had hoe je naar me keek? Je hoeft je niet te schamen, het is heel natuurlijk. We kennen elkaar, delen een verleden. Goed, het ging even mis, maar die tijd ligt ver achter ons. Nu we elkaar weer hebben gevonden, en helemaal nu we hier in jouw huis zijn, hoeven we onze gevoelens niet langer te verbergen.'

Hij stond op, liep naar haar toe en ging tegen haar aan staan, zijn mond bij haar linkeroor. 'Je wilt me,' fluisterde hij, 'geef het maar toe, ik zie het in je ogen. Je durft er niet aan toe te geven, of misschien durf je het niet te zeggen, maar dat hoeft ook niet. Ik zie het zo wel.' Hij stak zijn tong uit en likte haar oor. Elin kreeg kippenvel en kneep haar ogen stijf dicht. Als ze hem nu zou afwijzen, kon ze haar plan op haar buik schrijven. Blijf staan, zei ze tegen zichzelf. Blijf staan, speel het spelletje mee. Ze lachte zacht en duwde haar lippen tegen zijn wang. Zijn geur was vertrouwd. 'En ik dacht nog wel dat ik zo'n pokerface had.'

Aan zijn zware ademhaling hoorde ze dat hij opgewonden werd. 'Je kunt mij niets wijsmaken, Elin. Wij horen bij elkaar, wij zijn voor elkaar gemaakt.' Zijn tong gleed van haar oor naar haar hals. Toen trok hij haar shirt omhoog. Ze probeerde hem tegen te houden, maar hij was te snel. Voor ze het wist lag haar shirt op de grond en trok hij haar bh los. Hij boog zijn hoofd voorover en drukte zijn mond tegen de littekens op haar borst. Zo bleef hij minutenlang staan, totdat zijn greep verslapte en ze merkte dat hij huilde. Ze ontspande iets, voelde dat het gevaar geweken was en zette zichzelf ertoe aan haar hand op zijn hoofd te leggen.

'Hé, wat is dat nou?' vroeg ze met een lieve stem. 'Waarom huil je?'

'O Elin, je weet niet half hoe mooi ik je vind. Ik kon me niet bedwingen. Sorry, sorry...' Plots stapte hij achteruit en wendde gegeneerd zijn blik af. 'Doe je shirt maar aan,' zei hij bijna verlegen. 'Ik weet niet wat me bezielde. Misschien was het de wijn...'

Elin kleedde zich aan en ging op de bank zitten. Nu hij zijn zwakke kant liet zien, voelde zij zich weer sterker. Bovendien waren haar zenuwen door Daniëls manoeuvre wat bedaard. Het was nu of nooit. Ze pakte de oude klassenfoto die ze die ochtend in haar broekzak had gestoken en klopte op het kussen naast haar.

'Kom, ga zitten en kijk eens naar deze foto. Kun je je haar herinneren?' Ze wees naar een nog jonge Sirpa die vanuit het midden van de groep brutaal in de camera keek. Blij dat hij zich een houding kon geven, nam Daniël de foto aan en hield hem vlak voor zijn gezicht. 'Mmm, tja, wel eens gezien op jullie schoolplein, geloof ik, ja,' zei hij na enige tijd. 'Wie is dit dan?' En daarop begon Elin haar verhaal over Sirpa, de heks uit haar verleden, die opnieuw in haar leven was gekomen. Ze had Daniël nooit eerder over Sirpa en haar acties verteld. Tijdens hun verkering had ze het niet gedurfd. Ze schaamde zich ervoor en was bang dat hij haar minder leuk zou vinden als hij wist dat ze zich op haar kop liet zitten door een klasgenote. Bovendien wilde ze helemaal niet over Sirpa praten als ze bij Daniël was. Hun momenten samen waren te kostbaar. Ook later, toen ze samenwoonden, was Sirpa nooit onderwerp van gesprek geweest.

Ze vertelde welke streken Sirpa vroeger had uitgehaald en hoe zij daaronder had geleden. Dat ze nu lid waren geworden van dezelfde toneelclub en dat Sirpa geen steek veranderd was. Dat ze de regie van het stuk op zich had genomen en de groep had overgehaald om Elin de hoofdrol af te pakken. Ze zei ook dat Sirpa haar een slachtoffer had genoemd en dat ze zich realiseerde dat Sirpa gelijk had. Dat ze haar leven nooit in eigen hand had gehad, dat ze danste naar de pijpen van eenieder die haar commandeerde, en dat ze daar nu, voor eens en voor altijd, een eind aan wilde maken.

'En daarmee kom ik bij mijn vraag aan jou, Daniël,' ze pakte zijn hand en kneep erin. 'Sirpa moet voorgoed uit mijn leven verdwijnen. En niet alleen uit het mijne. Waar ze komt, maakt ze mensen bewust het leven zuur. Ik zie het op mijn toneelclub, waar niemand nog lol heeft in het spel. Ze moet verdwijnen, Perseus, voorgoed. Ik wil haar dood en jij moet het doen.'

55

Hij schrok niet. Zijn gezicht toonde amper een reactie, maar aan zijn ogen zag ze dat hij nadacht.

'Je wilt dat ik Sirpa vermoord?'
'Medusa, ja.'
'Wanneer?'
'Vanavond. Om zeven uur is ze in cultureel centrum de Oude Haven. Ik heb gevraagd of ze daarheen wil komen omdat ik iets met haar te bespreken heb. Het centrum is gesloten, dus er is verder niemand. Zij kan erin omdat ze een sleutel heeft en ze laat de deur voor mij open.'

Nog steeds geen enkele reactie in zijn gezicht. 'Hoe?'
'Met een ski.'
'Een ski?'
Ze knikte. 'In de repetitieruimte staan een paar ski's. Ik heb er vorige week een meegenomen en laten slijpen, hij is vlijmscherp aan beide kanten. Die ski, geel met blauw, staat rechts naast de deur van de repetitieruimte, je kunt 'm niet missen. Ik wil dat je die ski pakt en Sirpa ermee raakt in haar nek. Jij bent de beste slagman die ik ken, Perseus. Sirpa raken moet voor jou geen probleem zijn.'

'En daarna?'
'Daarna moeten we weg, ver weg. Als we hier blijven, zal de politie mij vroeg of laat aan Sirpa linken. Daar wil ik niet op

wachten.' Elin keek Daniël aan en zag een sprankeling in zijn ogen. Hij is blij, dacht ze verbaasd. Niet-begrijpend bekeek ze hem langer, de blijdschap in zijn ogen hield aan. Plots begreep ze waaraan hij dacht: we moeten weg, had ze gezegd. We, als in 'samen'. Hij wilde met haar weg, samen een toekomst tegemoet. Dit kon niet beter! Ze kreeg het warm van enthousiasme en moest haar best doen hem ernstig aan te kijken.

'Pas als deze klus geklaard is kan ik verder met mijn leven, Daniël. Ik wil graag ergens wonen waar de zon altijd schijnt. En... als jij dat ook wilt, lijkt het me een droom om dat samen te doen. Maar ik ben wel bang...' ze sloeg haar armen om zich heen en maakte zich klein, 'je hebt me al twee keer in de steek gelaten, Daniël. De eerste keer toen je naar Spanje vertrok om bij je moeder te gaan wonen, en de tweede keer toen je ziek werd en naar de kliniek moest. Dat heeft me zo enorm gekwetst dat ik bang ben om er nog een keer voor te gaan. Om een derde keer te geloven in een toekomst met jou.' Ze hield stil en staarde voor zich uit. Dit moest genoeg zijn. Geef hem tijd om die woorden te laten bezinken, zei ze tegen zichzelf. Wachten nu, hij is aan zet.

Daniël stond op en ging voor het raam staan, zijn handen in zijn zakken. Hij staarde naar buiten, maar Elin betwijfelde of hij ook maar iets zag. Met ingehouden adem bleef ze naar hem kijken. Wat moest er niet allemaal door hem heen gaan? Na wat een eeuwigheid leek, draaide hij zich om. Zijn stem klonk zwaar.

'Ik doe het. Omdat ik je dat verschuldigd ben. En omdat ik niets liever wil dan samen met jou wonen in een land waar de zon altijd schijnt.' Hij liep naar het midden van de kamer en sloeg zijn armen over elkaar. 'Ik zie twee opties. Optie een: alles loopt volgens plan, ik verlaat het cultureel centrum en Sirpa wordt morgen pas gevonden, door een schoonmaker, een medewerker of een cursist. Ik denk dat we ervan uit moeten gaan dat iemand de boel daar morgenochtend rond een uur of negen opent. Dat geeft ons een voorsprong van ruim twaalf uur. We pakken mijn auto, rijden 'm in Frankrijk een meer in, kopen een nieuwe en spuiten door naar Spanje om over te steken naar Afrika en nooit meer gevonden te worden.

Optie twee: het gaat mis. Sirpa weet weg te komen, ik word betrapt, verzin het maar, je kunt niet alles voorspellen. In dat geval lijkt het mij het beste dat ik een aanval fake. Of dat weer in Valkenberg zal zijn, of wie weet op het politiebureau, ik sla een week lang complete wartaal uit, of hou een week mijn mond dicht. Hoe dan ook, ze zullen denken dat het weer goed mis is met me. Jij speelt het spel mee en zegt tegen de politie dat je mij hebt verteld hoe graag je Sirpa uit je leven wenst. Ik heb die wens, als onberekenbare psychiatrisch patiënt, als een opdracht gezien. Ik ben uit de kliniek ontsnapt en heb die opdracht uitgevoerd. Het zal niets uitmaken of ik beken of niet, ik ben toch volledig ontoerekeningsvatbaar. Op die manier blijf jij buiten schot. En mij zullen ze een tijd extra scherp in de gaten houden. Laat het een half jaar of zelfs een jaar duren voordat je me weer op mag zoeken. Als ik weet dat jij wacht en naar me toe komt zodra dat weer kan, hou ik het vol.'

Elin luisterde aandachtig. Ze zette vraagtekens bij Daniëls betoog, maar waakte ervoor die te uiten. Als Daniël gepakt zou worden voor moord, achtte ze de kans klein dat hij in de kliniek mocht blijven, ook niet onder verscherpt toezicht. Het leek waarschijnlijker dat hij dan naar een zwaar bewaakt penitentiair psychiatrisch centrum moest. Ze keek toe hoe hij zijn glas van tafel nam, het in een keer leegdronk en naar de keuken liep. Hij kwam terug met de fles, vulde eerst haar glas bij en toen dat van hem.

'We zijn er nu één keer in geslaagd samen weg te komen, dat moet een volgende keer weer lukken. Kunnen we alsnog naar Afrika, Elin, alleen duurt het dan wat langer. Ik kan wachten.' En terwijl hij naast haar ging zitten, keek hij haar doordringend aan. 'Kan jij dat ook?'

Ze knikte langzaam. 'Je zei het zelf al, Daniël. Wij horen bij elkaar, we zijn voor elkaar gemaakt. Dus ja, ik wacht.' Ze tikte haar glas tegen dat van hem en dronk.

56

Tegen vijf uur hielden ze het binnen niet meer uit. De eieren die Daniël had gebakken, waren op, de fles wijn was leeg, ze hadden hun plan nog drie keer doorgenomen en keken iedere minuut op de klok. Toen Elin voor de zoveelste keer van de wc kwam en Daniël ijsberend aantrof, pakte ze resoluut hun jassen van de kapstok.
'We gaan.'
'Het is pas vijf uur.'
'Weet ik. Maar ik kan hier niet meer blijven. Kom.'
Zwijgend liepen ze de straat uit, langs de donkere etalages van gesloten winkels. De snoeren met lichtjes die de stad zo'n feestelijke uitstraling hadden gegeven, waren alweer verwijderd, en de reusachtige kerstboom op het plein was neergehaald. Als een slapende reus lag hij op zijn zij te wachten tot de mannen van de gemeente hem kwamen halen. Ze staken het plein over, sloegen de hoek om en zagen het park voor zich opdoemen. Er was niemand te bekennen. De gure wind hield de meeste mensen binnen, thuis, bij familie of in de kroeg. Elin voelde de kou door haar wollen handschoenen heen en stak haar handen diep in de zakken van haar jas. Ze keek naar Daniël die weggedoken in zijn kraag stoïcijns voor zich uit staarde.
'Daniël?'

'Ja?'

'Je zei net dat we in Frankrijk een nieuwe auto zouden kopen. Dat is in het kader van ons vluchtplan natuurlijk heel slim, maar eh... ik heb daar echt geen geld voor.'

Hij haalde zijn schouders op. 'Geld is geen probleem. Mijn vader stuurt me nog elke maand een toelage en die heb ik al meer dan een jaar niet aangeraakt. Wat moet ik ermee in Valkenburg, ik kan daar niets kopen. Er staat bijna een ton op mijn rekening, een auto kan er makkelijk af.'

'Oké, dat is mooi.' Precies wat ze dacht. Daniëls vader was een vermogend man, en ze vermoedde al dat Daniël daarvan kon profiteren. Ze hield even haar mond om de illusie te wekken dat ze spontaan bedacht had wat ze nu ging vragen. 'Misschien is het goed alvast een ruim bedrag te pinnen? Als we straks in het buitenland geld opnemen of met een creditcard betalen, zijn we op te sporen, als we cash betalen, niet.'

Daniël grinnikte. 'Dat hoeft niet.'

'Wat niet? Pinnen? Hoezo?'

Hij blikte geheimzinnig van links naar rechts en boog zich wat voorover. 'Ik heb mijn wagen volgeladen, vol met...' Hij stopte het deuntje en keek haar verwachtingsvol aan.

Ongeduldig klakte ze met haar tong. 'Zeg het nou maar gewoon, we hebben geen tijd voor spelletjes.'

Hij grinnikte weer en zong verder: '... vol met heeel veeel centjes.'

'Je wagen? Wat bedoel je? Zit er geld in je auto? Waar dan? Hoeveel?'

'Elin, Elin, Elin, wat een hoop vragen.' Hij klopte haar vaderlijk op haar schouder. 'Het leek me jaren geleden al handig om behalve geld op een rekening, ook geld op een andere plek te bewaren. Zoals de mensen vroeger deden, weet je wel? In een oude sok of onder het matras. Een plek waar niemand van weet en waar ik altijd bij kan. En dat was dus geen gek idee, blijkt nu. In de achterbak van mijn auto ligt onder het reservewiel een grote bruine envelop met veertigduizend euro in contanten.'

Blijkbaar was de uitdrukking op haar gezicht bijzonder komisch, want Daniël schoot in de lach en kwam niet meer bij. Hij schaterde het uit. Geschrokken keek Elin om zich heen. Gelukkig was er nog steeds niemand te zien.

'Stil! Stil zijn!' siste ze naar Daniël. 'Niet zo hard! We moeten nu vooral geen aandacht gaan trekken.'

Daniël veegde de tranen van zijn wangen en haalde diep adem. 'Hè hè, dat lucht op. Sorry hoor, maar je keek of je water zag branden. Dat had je niet van je gestoorde vriendje gedacht hè? Nou, zo gestoord is-ie dus helemaal niet.' Tevreden wreef hij in zijn handen. 'Hoe laat is het?'

Elin keek op haar horloge. 'Tien over zes. Laten we maar naar de Oude Haven lopen. Dan kunnen we d'r zien aankomen.'

57

Vanuit hun schuilplaats in het donkere portiek van een verlaten kantoorpand hadden ze goed zicht op het cultureel centrum aan de overkant van de straat. Met haar rug tegen de voordeur van het pand en haar handen diep in haar zakken keek Elin naar de regendruppels die sinds een paar minuten uit de lucht vielen en al kleine plasjes vormden op het trottoir en op straat. Dit was het dan. Het belangrijkste moment in haar leven tot nu toe. En ik voel niets, constateerde ze. Nou ja, een lichte verbazing over het feit dat ik niets voel. De spanning die haar de hele dag parten had gespeeld, voor buikpijn had gezorgd en voor zeker tien bezoekjes aan de wc, was verdwenen. In plaats daarvan was er een rust over haar neergedaald, of eerder een stilte. Een stilte die alles wat er nu niet toe deed, buitensloot. Ze keek naar de deur aan de overkant van de straat. De deur waarachter Sirpa het einde van haar leven zou vinden. Haar einde is mijn nieuwe begin, dacht Elin. Maar ook die gedachte kwam zonder gevoel.

Ze keek naar Daniël die in een hoek van het portiek door zijn knieën was gezakt en zijn handen warm blies. Zijn ogen waren dicht. Zou hij in staat zijn te doen wat ze hem had gevraagd? Zou hij op het juiste moment genoeg lef hebben om toe te slaan? Ze wist het niet. In een vorig leven had ze haar hand voor hem in het vuur gestoken, had ze met volle overtuiging verklaard dat hij alles deed om haar gelukkig te maken. Maar dat bleek geen werkelijkheid. Verre van. Hij had haar een tijd lang bijzonder ongelukkig gemaakt. En precies daarom zat hij nu hier. Daarom was hij degene die haar laatste en zwaarste opdracht uit moest voeren. Hij was het haar verschuldigd, en dat begreep hij zelf ook. Ergens in hem zat nog de Daniël die ze liefhad, de man op wie ze kon rekenen. Maar zijn ziekte had van hem een andere man gemaakt, die ze nog maar deels kende. Hoe die man dacht, wist ze niet. Hoe die man reageerde, kon ze niet voorspellen. En tot welke acties hij wel of niet in staat was, was iedereen een raadsel. Zelfs dokter Verhoeven. Ze voelde een huivering door haar lichaam gaan toen ze besefte dat het haar onverschillig liet. Het maakte haar niet uit. Of haar plan zou slagen of niet, of iemand hen zou betrappen of niet, of de politie haar zou vinden of niet: het maakte niet uit. Het was niet het resultaat waarom het ging, het was het besluit dat eraan vooraf was gegaan en de moed om dat besluit op te volgen. Ze knipperde met haar ogen en voelde de tranen over haar wangen stromen. Met een beheerst gebaar veegde ze ze weg. Ze ademde diep in en liet de koude lucht haar longen vullen. Toen blies ze langzaam uit. Ze was er klaar voor.

Ze tikte Daniël op zijn schouder en toen hij verschrikt zijn ogen opende, pakte ze zijn hand en trok hem omhoog. Ze ving zijn blik en bleef hem aankijken tot ook hij kalmeerde. Samen wachtten ze tot ze een minuut of acht later een auto het terrein van de Oude Haven op zagen rijden. Sirpa stapte uit, sloot de auto af en ging zonder op of om te kijken de Oude Haven binnen. Elin stootte Daniël aan, hij knikte en samen liepen ze het portiek uit, de stoep op, de straat over. Op het parkeerterrein voor het cultureel centrum hield Daniël haar tegen. 'Ga je wel mee, Elin?' Ze zag de paniek in zijn ogen weer groeien, maar zei er niets van. Ze knikte kort en trok hem mee naar binnen.

58

De hal met de balie, een lege garderobe en een folderrek, was donker; blijkbaar had Sirpa niet de moeite genomen het licht aan te doen. Ook de gang met aan weerszijden de lokalen was onverlicht. De meeste deuren waren gesloten, maar de deur van het derde lokaal aan de linkerkant stond open en liet een gedempt gelig licht door. Elin draaide zich naar Daniël en bracht haar mond naar zijn oor. 'Ik wacht op je, Perseus,' fluisterde ze. 'Medusa is in ons repetitielokaal, de derde deur links. De ski staat naast de deur, meteen als je binnenkomt aan je rechterhand. Kom op nou, gaan! Niet denken, maar doen.' Ze sloeg hem kort op zijn arm en duwde hem de gang in. Hij bukte, alsof hij bang was gezien te worden en sloop verder. Vlak voor de derde deur richtte hij zich op. Elin zag nog net dat hij een kruisje sloeg voor hij het lokaal in liep en uit haar zicht verdween. Op haar tenen maakte ze een paar grote passen naar het lokaal, maar ze bevroor toen Sirpa's stem klonk.

'Hé... wie ben jij?'

In plaats van een antwoord hoorde Elin een paar vlugge voetstappen, gevolgd door een doffe klap en een bons. Die laatste bons moest van Sirpa zijn, toen ze op de grond viel. Elins hart klopte in haar keel. Het was gelukt! Ze sloop dichterbij en gluurde langs de openstaande deur. Ze zag Daniël stokstijf tegen de muur staan, en in het midden van het lokaal lag

Sirpa levenloos op de vloer. Het was gebeurd. Voorzichtig liep ze naar Daniël toe. Hij trilde en keek wezenloos om zich heen. Ze greep hem bij zijn ellebogen. 'Daniël? Daniël!' Geen reactie. Hij ademde zwaar en had zijn ogen wijd open, maar leek zich niet bewust van Elins aanwezigheid. Een harde klap in zijn gezicht bracht daar verandering in. Verwilderd keek hij haar aan. 'Daniël, luister goed! Ik ga onze spullen halen en kom daarna terug. Dan rijden we samen weg, naar de zon, Daniël. Blijf hier tot ik terugkom, hoor je me? Hier blijven! Hoor je wat ik zeg? Laat me niet in de steek!'

Daniëls zware ademhaling stokte, met open mond hield hij zijn adem in. Ze zag dat zijn ogen zich vulden met tranen. Toen brak hij en zakte langzaam door zijn knieën. Hij schudde zijn hoofd. 'Ik laat jou nooit meer in de steek, Elin, nooit meer, nooit meer, ik blijf hier.'

Ze knikte en stapte geruisloos achteruit om in de gang als een speer naar de hal van het centrum te rennen. Achter de balie vond ze een vaste telefoon. Uit haar zak haalde ze haar oude walkman. Ze plaatste de koptelefoon op de hoorn van de telefoon, toetste het nummer van het politiebureau in en hoorde na het keuzemenu de stem van een vrouw die vroeg naar haar melding. Met een trillende duim drukte ze op 'play' en na enkele seconden klonk het krakende en nasale geluid van haar eigen stem, die ze vervormd had door een ritselend plastic voor haar mond te houden en met haar andere hand haar neus dicht te knijpen. De boodschap was desondanks goed te verstaan:

Perseus heeft Medusa vermoord. Beiden zijn te vinden in cultureel centrum De Oude Haven. Kijk voor een aankondiging van de moord op YouTube op de naam Daniël Spekkoper. Einde bericht.

59

De laagstaande zon scheen zo fel in haar ogen dat ze haar zonnebril moest opzetten. Als altijd bekeek ze in de achteruitkijkspiegel hoe de bril haar uiterlijk veranderde. Ze glimlachte, moest nog wennen aan haar korte haren. Haar leven lang had ze zich afgevraagd of een korte coupe haar zou staan, maar nooit had ze het aangedurfd het eens te proberen. Die tijd was voorbij. Nooit meer zou ze iets niet durven. Ze was sterker dan ooit, kon de wereld aan. Bizar hoe dat gevoel bij haar paste. Alsof ze het had aangetrokken en nooit meer uit kon doen. Wennen was niet nodig, had ze kilometers geleden al geconstateerd. Haar nieuwe ik had lang genoeg in de coulissen gestaan en zou nu schitteren in het volle licht.

Daniëls auto had ze uren geleden al op een grote parkeerplaats bij een Zwitsers wegrestaurant laten staan. Nu reed ze in een tweedehands Toyota naar de Italiaanse grens. Het was een opwelling geweest. Daniël had het steeds over Frankrijk en Afrika gehad, maar toen ze die nacht voor de laatste keer in haar appartement was om haar volgestouwde reistas te pakken, kwam het zuiden van Italië in haar op. Zon, eilanden, fantastisch eten en mogelijkheden genoeg om een nieuw leven te beginnen. In lang twijfelen had ze geen zin. Zuid-Italië, daar ging ze heen.

Voor het zover was, wachtte nog een laatste actie. Dat deed

ze in een groezelig internetcafé in de buurt van Brussel. In het toilet vernietigde ze de tape die ze had gestolen uit de beveiligingscamera in de bezoekruimte van de Valkenberg Kliniek. De tape had zijn dienst dubbel en dwars bewezen. De opname van Daniëls improvisatie, waarin hij als Perseus de moord op Medusa aankondigde, had ze twee dagen eerder op YouTube geplaatst. Ze grinnikte zacht toen ze terugdacht aan die middag met Daniël. Zijn theatrale voordracht was een cadeautje geweest; makkelijker had hij het haar niet kunnen maken. Met de hak van haar schoen trapte ze de tape stuk. Ze trok het zwarte lint los en knipte het met het nagelschaartje uit haar reistas kapot. Toen spoelde ze de boel in delen door. Vier keer doortrekken bleek voldoende, er was niets meer te zien.

Na haar toiletbezoek schoof ze achter een van de beduimelde computers. Op nu.nl las ze dat in cultureel centrum De Oude Haven het levenloze lichaam was gevonden van een 27-jarige vrouw en dat de politie op dezelfde locatie een 29-jarige man had aangehouden. Nu wist ze het zeker, het was gelukt: punt vier en vijf van haar actielijst waren ingelost. Sirpa was dood en Daniël zou ervoor opdraaien.

Epiloog

Jonathan,

Een van de laatste keren dat wij elkaar spraken, zei je dat je graag wilde weten hoe het verder ging. Omdat je me altijd goed hebt geholpen, wil ik die vraag nog beantwoorden. Maar daarmee houdt ons contact op. Als je dit leest, ben ik weg. Waarheen weet ik niet, ergens waar het zonnig is en ik een nieuw leven kan beginnen. Alweer.

Waarschijnlijk heb je het inmiddels al gehoord of gelezen: Sirpa Karstens is dood, vermoord. En Daniël is hiervoor aangehouden. Precies zoals ik met hem heb afgesproken. Want de moord op Sirpa was mijn idee, mijn wens, mijn missie. Alleen haar dood kon mij bevrijden. Bevrijden van alle mensen die mij ooit hebben dwarsgezeten. Ik kon eenvoudigweg geen slachtoffer meer zijn, Jonathan, ik wil mijn eigen leven leiden, mijn eigen keuzes maken, doen wat ik wil en niet wat een ander me oplegt. En dat is gelukt! Jonathan, je kunt je niet voorstellen hoe ik me voel. Ik zweef, ik dans, zo gelukkig als nu ben ik nog nooit geweest!

Mijn plan was goed doordacht, maar toch moest ik op het laatste moment improviseren. Daniël zou het doen. Dat was de prijs die hij moest betalen voor alle ellende die hij me heeft aangedaan. Daar waren we het vooraf volledig over eens. Maar op het moment suprême liet hij het afweten. Hij had d'r alleen een klap durven geven en toen stond hij als versteend tegen de muur. Het is maar goed dat ik ging kijken. Toen hij me zag, zakte hij als een zielig hoopje in elkaar. Hij kon alleen nog maar huilen, brullen! De zwakkeling. Weet je, ik denk nu dat het zo moest zijn. Ik kreeg de kans straffeloos zelf mijn missie te volbrengen. Ze lag daar maar op de grond, kermend en snikkend. Toen ze mij zag, was ze nog blij ook. 'Help me, Elin, help', zei ze steeds. En dat noemt mij een slachtoffer, ze had zichzelf eens moeten zien! Dus ik pakte de ski, die Daniël niet had durven gebruiken, en ik heb die rotkop eraf gehakt. Oooo, wat was dat geweldig. Als ik had geweten hoe fantastisch dat gevoel zou zijn, had ik me lang niet zo druk gemaakt.

Helaas lukte het niet helemaal in één keer. De ski bleef steken, maar daar liet ik me niet door tegenhouden. Ik heb de bijl gepakt uit de mand met haardhout en ik heb staan hakken als een gek. Die bijl was bot, maar het is me gelukt. Ze wilde toch zo graag Medusa zijn? Nou, dan kon ze het krijgen ook. Op de dag van de première heb ik haar d'r laatste hoofdrol gegund. Ze kan tevreden zijn; zo veel persaandacht heeft ze vast nog nooit gehad. Je had het moeten zien, Jonathan. Ik heb het hoofd een eind verder gelegd en de haren gespreid, precies zoals in de Griekse mythe. Bizar, maar eigenlijk was het nog mooi ook.

Nu is het mijn tijd. Nu begin ik met mijn leven en wee degene die mij in de weg staat! Ha ha, ik weet nu wat ik kan, wat ik eigenlijk altijd heb gekund en wat ik nooit heb durven laten zien. Ik ben er en niemand houdt me tegen.

Dat was het Jonathan, dat was mijn verhaal. Ik ben blij dat ik het met jou heb kunnen delen. Bedankt voor al je hulp. Die heb ik niet meer nodig. Ik red het wel alleen.

Elin